5-87

...a Fernando Alegría

...humildad, Sra

... respeto (me

gustó mucho del último novela)

y con (todavía) agradecimiento.

Amistosamente

Enrique

Texturas

Ensayos de
crítica literaria

Monique J. Lemaître

colección **Alfonso Reyes**

n°8

Texturas

Ensayos de
crítica literaria

Monique J. Lemaître

EDITORIAL
OASIS

Editorial Oasis

Primera edición, 1986

ISBN 968-873-015-7

© 1986, Editorial Oasis
Oaxaca 28, México 06700, D. F.

Diseño GLYPHO Taller de Gráfica, S. C.

Impreso en México
Printed in Mexico

a mis hijos

Jean-Pierre y *Francesco Gino*

ASPECTOS MASOQUISTAS EN LA NOVELÍSTICA DE JUAN GOYTISOLO

El crítico José Miguel Oviedo señala que: "El sadomasoquismo era ya evidente en *Reivindicación*, pero en *Juan sin Tierra* hemos recorrido varias escalas (quizá todas) en ese descenso infernal,"[1] apoyándose, sin duda, en la conocida teoría freudiana según la cual ambos, sadismo y masoquismo, no son sino el desdoblamiento de una misma entidad. Las polisémicas y ambivalentes relaciones que existen entre los niveles lingüístico, histórico y literario en *Juan sin Tierra* nos llevaron, sin embargo, a releer ciertos textos de G. Deleuze y R. Barthes, con la vaga esperanza de desentrañar algunas de las ambigüedades de la última novela de J. Goytisolo. Sólo pretendimos otra lectura del texto, una lectura por supuesto, inconclusa.

Partimos del intento de Gilles Deleuze por separar el síndrome "sadomasoquista" en dos entidades independientes que, a su vez, presentan anversos "sádicos" o "masoquistas", pero exclusivamente en relación a una estructura masoquista o a un conjunto sádico. Con frecuencia nos referimos a *Señas de identidad* y a *Reivindicación del Conde Don Julián* ya que estas tres novelas de J. Goytisolo forman parte de un mismo proceso de liberación.

Gilles DeLeuze establece ciertas diferencias básicas entre sadismo y masoquismo:

> Chaque fois que nous nous sommes trouvés devant un signe apparemment commun, il s'agissait seulement d'un syndrome, dissociable en symptomes irreductibles. Résumons: 1o. la faculté spéculative-démostra-

[1] José Miguel Oviedo, "La escisión total de Juan Goytisolo hacia un encuentro con lo hispanoamericano".

tive du sadisme, la faculté dialectique imaginative du masochisme; 2o.
le negatif et la négation dans le sadisme; 3o. la réitération quantitative, le
suspens qualitatif; 4o. le masochisme propre au sadisme, le sadisme
propre au masochisme, l'un ne se combinant jamais avec l'autre; 5o.
la négation de la mère et l'inflation du père dans le sadisme, la "déné-
gation: de la mère et l'annihilation du père dans le masochisme;
6o. l'opposition du rôle et du sens du fétiche dans les deux cas; de
même pour le phantasme; 7o. l'antiesthétisme du sadisme, l'esthetisme
du masochisme; 8o. le sens "institucionnel" de l'un, le sens contractuel
de l'autre; 9o. le surmoi et l'identification dans le sadisme, le moi et
l'idéalisation dans le masochisme; 10o. les deux formes opposées de
sexualisation; et résumant l'ensemble, la différence radicale entre *l'apa-
thie sadique* et le *froid masochiste*.[2]

Desde el principio de *Juan sin Tierra* asistimos a una disociación
de la personalidad del narrador-protagonista fundada en una negación a priori:

> mas el que te observa en el ángulo de la mesa desde la cubierta colo-
> reada del high fidelity parece proclamar con violencia, casi a gritos,
> que nunca, pero que nunca alcanzará, aún en el caso improbable de
> proponérselo, la fase superior de la meditación trascendental, los·aus-
> teros aunque inefables goces de la vida beata y contemplativa: ni
> anacoreta ni faquir ni bramán: cuerpo tan sólo: despliegue de materia;
> hijo de la tierra y a la tierra unido: en vez de línea ceñida y monda,
> de superficie estricta, de delgadez escueta, la ostentación vistosa de
> redondeces y curvas, la plétora carnal, la esplendidez barroca: cuerpo
> opulento y feraz, dadivoso, ubérrimo, sólidamente arraigado en el mun-
> do inferior . . . [3]

Quizá, más que de una negación a priori se trate de la sobre-
posición del narrador (Álvaro, Alvarito, Julián, Juan...) al reflejo
de plástico de la "reina del ritmo" (p. 13). El reflejo se sitúa en
una posición de inferioridad en relación a los ideales promulgados
por la iglesia y la tradición de la "España sagrada", desdoblada y
comparada en el texto, irónicamente, al ideal de otro continente...
de otros continentes a través de un sincretismo religioso en donde
los versos tan conocidos de Fray Luis sobre el mundanal ruido se
unen a los de hipotéticos gurús-cristos-faquires.

[2] Giles Deleuzre, *Présentation de Sacher Masoch,* Editions de Minuit, 1967,
pp. 133-134.
[3] Juan Goytisolo, *Juan sin Tierra,* Seix Barral, Barcelona, 1975, p. 11.

El narrador se sitúa en el papel de la víctima, y, como tal, utilizará un lenguaje paradójico frente a la sibilina retórica del capellán (de su invención —lado sádico de su masoquismo—), cuyas explicaciones pretenden ser lógicas aún cuando simplistas al iniciarse la novela.

El narrador establece así un "pacto con el demonio", con el "mal", pacto que exige de él un descenso progresivo y total hacia el infierno de la humillación, le deyección y la inmundicia, para poder a su vez establecer una dialéctica entre ejecutor y víctima, amo y esclavo, burgués y paria.

El contraste entre el estilo barroco con el que se expresa el narrador (en el sentido que Derrida le da al "estilo") y la impersonalidad con que lo hace el capellán en la primera parte de la novela debería subrayarse.

> C'est pourquoi aussi le masochiste élabore des contrats, tandis que le sadique abomine et déchire tout contrat. Le sadique a besoin d'institutions, mais le masochiste de relations contractuelles.[4]

El capellán se apoya en el dogma de la iglesia para torturar vicariamente (verbalmente) a los esclavos. Establece un paralelo entre él y el mayoral, ya que ambos son intermediarios. La única diferencia reside en que la violencia "física" habla por medio del látigo, la tortura y la muerte. "Su portavoz (el capellán) se expresa (hipócritamente) con palabras del vocabulario legal y religioso, tratando de "demostrar" el paralelismo entre los dos ingenios:

> El Amo del Ingenio de Arriba os mirará con semblante risueño y nadie os echará en cara la color prieta, el pelo pasudo, y nariz roma, los bembos bestiales.[5]

Tremenda crueldad del capellán, pero victoria del narrador y autor implícito, ya que el lector se identifica con las víctimas y no con el verdugo, convirtiéndose en cómplice de los narradores-protagonistas de la trilogía y enjuiciando (condenando) junto con ellos la odiada semilla y la Madre Patria.

[4] Gilles Deleuze, *Ibid.,* p. 19.
[5] *Juan sin Tierra,* p. 35.

La Dialéctica "masoquista" utilizada por el narrador/autor es también imaginativa, ya que, a partir de las fotografías de familia introducidas en *Señas de identidad* así como de los momentos pertenecientes a los antepasados del narrador, éste debe reconstruir el pasado:

> (...) dividirás la imaginaria escena en dos partes: dicho mejor: en dos bloques opuestos de palabras: a un lado substantivos, adjetivos, verbos que denotan blancor, claridad, virtud: al otro, un léxico de tinieblas, negrura, pecado (...).[6]

Tres citas preceden el texto de *Reivindicación del Conde Don Julián*,[7] una de ellas es de Sade. En el original, *Les cent vingt journées,* Clairwil sueña con un crimen:

> dont l'effet porpétuel agit, même quand je n'agirais plus, en sorte qu'il n'y eût pas un seul instant de ma vie où, même en dormant, je ne fusse cause d'un désordre quelconque.

mas lo que busca el personaje de Sade, y éste a través del primero, es precisamente aquello que falta en el sistema que ha construido: La idea del mal (en el sentido de lo que no existe para él, de la negación pura), mientras que para los protagonistas de Goytisolo, estos "deniegan" (no niegan) la existencia del mal a partir de una íntima rebelión en contra de la idea católica del mal y del pecado original así como de una reversión de los valores. Álvaro y Julián insultan a, y reniegan de su patria desde simbólicos promontorios, situados dentro y fuera de ella, mientras que el narrador de *Juan sin Tierra* nos dice:

> ningún otro elemento de la habitación podrá escoltar tus pasos en el arduo camino de tu retorno al gene, al pecado de origen con que te han abrumado.[8]

En *Conjunciones y disyunciones*, O. Paz escribe que "al decir que el culo es como otra cara, negamos la dualidad alma y cuerpo."[9]

---

[6] *Ibid.*, p. 30.
[7] Goytisolo, Juan: *Reivindicación del Conde Don Julián,* Joaquín Mortiz, México, 1973, p. 7.
[8] *Juan sin Tierra*, p. 15.
[9] Paz, Octavio: *Conjunciones y disyunciones,* Siglo Veintiuno Editores, México, 1967, p. 13.

La risa, prosigue, restituye esa dualidad. Goytisolo al contrastar el antiséptico W. C. de los blancos con la fosa común destinada a los esclavos nos ofrece dos mitades atrofiadas que responden a estereotipos tradicionales y racistas, mas nos los presenta de forma tal, que no podemos menos que rechazarlos a partir del modelo ascético (sádico) de los amos blancos denegando así (nosotros los lectores), la idea del mal que los amos asocian con el aspecto físico y el comportamiento de los negros.

Por otra parte, el Ama blanca de la narración escucha por boca del padre Vosk la apática descripción (propia de un sádico) que éste elabora de las actividades de los negros en la oscuridad. Las sales que le hace respirar el sacerdote, así como la irrupción continua del autor implícito forman parte del mismo juego en que participa el Ama blanca y que concluye con su lectura del poema de Lamartine. La reacción del padre Vosk es más ambigua pues se ofusca y describe lo que "ve" en latín: Todas las formas de coito prohibidas por la iglesia. El Ama (la Virgen blanca), condescendiente, inventará "inocentes mentirijillas"[10] cumpliendo así con su papel de intercesora (y de alcahueta). En el caso de ambos, capellán y ama, nos encontramos en presencia de un goce vicario que no es ajeno al masoquismo. Existe sin embargo una diferencia: Sévérin, en *La venus de las pieles* de S. Masoch sufre al saberse engañado por Wanda, mientras que el capellán y el ama gozan, como Sévérin, pero sin tener conciencia de ello pues la máscara del latín les impide cualquier sentimiento de culpabilidad. Eros y Thanatos: las pulsiones de vida se mezclan al presentimiento de la muerte. El "Ejaculatio praematura! receptaculum seminis!"[11] precede una irrupción del narrador: "Interrupción, oquedad, silencio: como cuando dejas de escribir".[12] Como ya lo notaron S. Sarduy y J. M. Oviedo, el acto de escribir en *Juan sin Tierra* está íntimamente ligado a la eyaculación y a la dialéctica onanista-procreadora. El tema del narrador que sólo quiere perpetuarse en el texto y no en la fertilización de una semilla que considera maldita ya lo encontramos en *Señas de identidad*, específicamente en las referencias al aborto de Dolores en Ginebra. El narrador de la trilogía,

[10] *Juan sin Tierra*. p. 33.
[11] *Ibid.*, p. 22.
[12] *Ibid.*

bajo sus diversos nombres, trata pues de aniquilar su semilla genética
y dedicarse a torturar, disgregar, desmembrar y flagelar su semilla
lingüística con la esperanza de que la lengua redima al hombre y no
viceversa. Con la esperanza de que el significante salvará al significado, o sea, de que el signo será el redentor. De allí la cita de
Jacques Berque que precede, con las de Paz y Lawrence, al texto
de *Juan sin Tierra:*

> Le verbe contre le fait, le maquis contre la guerre classique, l'affir-
> mation incantatoire contre l'objectivité et, d'une facon générale, le signe
> contre la chose. (Les Arabes).[13]

A propósito de la "de-negación", Gilles Deleuze escribe, apoyándose en Freud:

> Il pourrait sembler qu'une denégation en general est beaucoup plus
> superficielle qu'une négation ou même une destruction partielle. Mais
> il n'en est rien: il s'agit d'une tout autre opération. Peutêtre faut-il
> comprendre la dénégation comme le point de départ d'une opération
> qui ne consiste pas à nier ni même à détruire, mais plutôt á constater
> le bien fondé de ce qui est, à affecter ce qui est d'une sorte de sus-
> pension, de neutralisation propes à nous ouvrir au delà du donné un
> nouvel horizon non donné.[14]

La "suspensión" de la que habla G. Deleuze, la obtiene Goytisolo
por medio de las fotografías del álbum familiar, del atlas geográfico
y de ciertas descripciones o partes oficiales (policiales, políticas o religiosas) impersonales, merced a las cuales la acción se cosifica, se
petrifica. Los espejos también contribuyen a este fenómeno de "suspensión", al reflejar un gesto o una actitud fuera de su contexto
existencial. A propósito del análisis del espejo en la obra de Goytisolo
referimos al lector al excelente trabajo de Christian Meerts.[15] Este
último se apoya a su vez en la teoría de Lacan *(Ecrits I):* "La fase
del espejo como formadora de la función del yo".

En *Señas de identidad,* en efecto, los reflejos, en espejos venecia-
nos, en los cristales de una ventana o en las aguas del lago Léman

[13] *Juan sin Tierra,* p. 7.
[14] Gilles Deleuze, p. 29.
[15] Christian Meerts, Vittorio Klosterman, "Técnica y visión en *Señas de
identidad* de J. Goytisolo", parcialmente reproducido en *Juan Goytisolo,* Espiral, figuras, Editorial Fundamentos, Madrid, 1975, pp. 93-108.

y de los canales de Venecia preceden o alargan (desdoblan) los encuentros eróticos de Álvaro y la destrucción del producto de su relación con Dolores. La postergación del acto erótico forma también parte de la estética masoquista de la "suspensión". En *Señas de identidad* el narrador dice:

> Aquella noche dormisteis los dos juntos y no la penetraste. La unión de vuestras lágrimas había precedido de unos días la de vuestros cuerpos y las nupcias salobres y tiernas en el anacrónico dormitorio de la pensión anularon de modo imperativo vuestro pasado ... [16]

Más adelante, al consumarse la unión sexual el narrador añade:

> Cuando el sol se ponía tras los tejados grises y chimeneas rojas, los gatos negros y las palomas blancas modificando sutilmente la proporción de tonos fuertes y débiles que constituía de suyo uno de los mayores encantos del *cuadro,* la luz del crepúsculo esfuminaba las líneas y los contornos de los cuerpos reflejados en el espejo y os devolvía, a ti y a ella, a vuestra remota, extraviada identidad.[17]

Aquí la palabra clave es 'cuadro', que traduce otra forma de suspensión.

El "suspenso" se logra también por medio de la fragmentación del tiempo cronológico y del tiempo psíquico, de la variedad estilística y de los silencios. "Mi biografía está llena de agujeros" (p. 338), dice Álvaro en su diálogo "imaginario" con Dolores que sirve también para resumir su relación con ella. G. Deleuze nos dice:

> La répétition a donc dans la sadisme et dans le masochisme deux formes tout à fait différentes suivant qu'elle trouve son sens dans l'accélération et la condensation sadiques, ou dans le "figement" et le suspens masochistes.[18]

Aún en las escenas más humillantes de la trilogía de Goytisolo, el propósito último del oficiante-narrador es el de autocastigarse. Que se trate de la flagelación y sodomización de Alvarito en *Don Julián* o de la sodomización de Ebeh frente a la multitud turística en *Juan*

[16] Juan Goytisolo, *Señas de identidad,* Joaquín Mortiz, México, 1973, p. 326.

[17] *Señas de identidad,* p. 327.

[18] Giles Deleuze, p. 33.

sin Tierra, el verdadero humillado, la víctima eventual será el narrador y, a través de él, la España sagrada con todos sus códigos, prejuicios, creencias y tabúes. De allí la parodia de Alvarito/Cristo en *Juan sin Tierra*. Como Cristo, el protagonista ofrece su humillación para que sea posible la redención de su pueblo, pero, a diferencia del Cristo tradicional, Alvarito se encuentra en un mundo en donde todos los valores están invertidos y la humillación no viene de fuera sino de dentro. Su meta no es la de redimir, sino la de destruir el orden establecido para, a través de una catarsis total, curar el enfermo como, eventualmente, se cura el Sévérin de *La venus de las pieles* de Masoch.

Como en el caso de Masoch (y de Sade), la ambición de Goytisolo es la de reflejar, a través de la perversidad del "doble", toda la naturaleza y toda la historia (en este caso la de España sobre todo). Es interesante también notar el interés que ambos, Masoch y Goytisolo, demuestran por los desheredados de este mundo, por los parias. Por otra parte, Masoch había concebido:

> Sous le tire de *Le legs de Cain*... une œuvre "totale", un cycle de nouvelles représentant l'histoire naturelle de l'humanité.[19]

mientras que el protagonista de *Juan sin Tierra* declara: "El descenso en la escala animal será para ti una subida: tú llevarás en la frente el signo de Caín."

Masoch tenía la intención de mostrar la identidad del príncipe y del asesino, ya que ambos, según él, descienden de Caín. El protagonista de *Juan sin Tierra* es también, por educación y clase, un descendiente de Caín si aceptamos la teoría masoquista. Sólo él puede realizar el milagro de la transmutación de signos.

La dialéctica masoquista se vuelve mucho más enrevesada cuando se trata de distinguir entre el sadismo del masoquista y el masoquismo del sádico. Según Deleuze: "Le sadisme du masochiste se fait à force d'expier; le masochisme du sadisme à force de ne pas expier." (p. 38). Cuando los Amos del ingenio, al principio de *Juan sin Tierra*, son víctimas del rito vudú de sus esclavos, no hay expiación, sino venganza eventual, castigo, mientras que la ceremonia de

---

[19] Gilles Deleuze, p. 36.

los esclavos y las acciones del protagonista, así como sus varias identificaciones son actos de purificación, de expiación a través de la auto violencia. Violencia que se manifiesta a varios niveles. Deleuze nos dice que: "Jamais un vrai sadique ne supportera une victime masochiste" (p. 39) y los ejemplos de esta afirmación abundan a lo largo de los textos de la trilogía de Goytisolo: Las víctimas-verdugos de Alvarito y del protagonista múltiple de *Juan sin Tierra* son su doble, sus hermanos, ellos mismos víctima-verdugos. En contraste con ellos, los policías y espías de *Señas de identidad* y el capellán de *Juan sin Tierra* se comportan de una manera totalmente "Objetiva" hacia los enemigos del Régimen o los esclavos sublevados. Sin embargo, si seguimos el razonamiento de G. Deleuze, el "sadismo" del capellán en *Juan sin Tierra* o de las autoridades en *Señas de identidad* éste sería un "sadismo" *dentro* del masoquismo de una cultura dada. A propósito de la heroína de una de las novelas de Sascher-Masoch, Deleuze escribe:

> Le femme-bourreau se mêfie du personnage sadique qui propose de l'aider, comme si elle sentait l'incompatibilité des deux entreprises. Dans *La Pêcheuse d'âmes* l'héroïne Dragomire le dit bien au cruel comte Boguslav Soltyk, qui la croit elle même sadique et cruelle: "Vous faites souffrir par cruauté, tandis que moi je châtie et je tue au nom de Dieu, sans pitié, mais sans haine."[20]

El capellán, y por extensión la iglesia, habla también de "castigo divino" (p. 48) y advierte además: "que nadie se llame a engaño ni les tilde de crueles si decapitan a los jefes y exhiben sus cabezas por las calles..." (p. 49). En forma similar, el árabe de *Reivindicación* forma parte de otra cadena, de otro círculo "masoquista". Esta vez le toca a él impartir el sufrimiento e infligírselo a Alvarito que simboliza a aquellos que humillaron —y siguen despreciando— a los de su estirpe. (Aquí es interesante notar las varias posibilidades literarias y anecdóticas que el narrador propone.)

A través de las tres últimas novelas de Goytisolo, vemos a los protagonistas evolucionar, pasar por un verdadero y cuidadoso aprendizaje que va de la vocación de mártir del joven Álvaro, reforzada por la complicidad activa de su institutriz, a su atracción hacia Jeró

[20] Gilles Deleuze, pp. 39-40.

nimo, enemigo del Régimen que Álvaro, ya mayor, aprenderá a odiar
(y que anuncia la eventual inversión total de todos sus valores), a
las nupcias del narrador con Ebeh y a su aparente (literaria) de-
sembocadura en el habla "cubana" y "árabe" de las últimas páginas
de *Juan sin Tierra*.

En cuanto al "suspenso" cualitativo del que habla Deleuze como
rasgo peculiar de la estética masoquista, el "interrumpirás la lectura
de documentos..." (p. 51) podría ilustrar esta afirmación. El narrador-protagonista repite algo que el lector de la trilogía no desconoce
(documentos, fotos, fotocopias), al mismo tiempo que introduce su
"deseo" de manchar la blancura, de violentar la virginidad de la
página en blanco de manera a introducir la siguiente "herejía": A
partir de una madre negra y "cachonda" (p. 51), que dará a luz
al escritor-cristo-redentor, la mancha de tinta (la escritura) se transforma en negra (cubana) y da a luz una parodia de Cristo (el
narrador)... Irónicamente, el nuevo redentor hijo de negra "blanca"
por su comportamiento y de emasculado padre (sólo sabemos de él
que prepara la llegada de la paloma)... nacerá blanco:

> Y no será necesario abrir los ojos ni precipitarte a mirar el espejo:
> ¡te joderás!: rostro pálido aún, señorito, blanco de mierda: abucheado
> al unísono por la indignada dotación: cortado para siempre de los
> parias y los metecos: ni Unigénito ni Mesías ni Redentor.
> ¿usted?
> ¡no me haga reír!
>
> ¿con su defecto?[21]

De acuerdo con la teoría de Deleuze, el sádico se identifica plena-
mente con una suerte de padre ideal que se encuentra por encima de
las leyes y que niega la existencia de la madre mientras busca la
complicidad tácita de la hija frente a su esposa. En cuanto al masoquista, éste anula totalmente al padre, lo expulsa del orden simbólico,
y "de-niega" a la madre, sustituyéndola simbólicamente por una
madre ideal que representa la legalidad. El masoquista se ve como
la proyección de un padre vilificado y rebajado que debe ser casti-
gado y humillado. Al infligirse castigos físicos o morales o pedirle a
una mujer de infligírselos estaría castigando al padre para evitar así

---

21 *Juan sin Tierra*, p. 59.

su retorno o su propagación. En su interior vive la alianza de la madre oral y de su propio yo que a veces se matiza de madre edípica "sadisante" o de madre-prostituta. Desea constantemente la presencia de otro hombre, pero no ve en él sino su aspecto travestí y afeminado, como si se tratara de un desdoblamiento de la imagen femenina. Cuando llega a experimentar su lado masculino "sádico", el masoquista deja de serlo. Las mujeres jóvenes que lo rodean y a quienes no puede identificar con la madre tornan a ser en su mente víctimas y no cómplices del padre. Además el masoquista necesita del lenguaje mítico para expresarse.

En *Juan sin Tierra,* el sincretismo religioso, prevalente en los mitos del vudú antillano, ofrece un maravilloso conducto para traducir la intrincada serie de relaciones de la estética masoquista. El narrador —o su ausencia—, puesto que se trata de evitar todo parecido con su padre posible, y esto a dos niveles, el del cuerpo y el del corpus literario (patrón) se identifica con Changó, que es también Santa Bárbara, que es Santiago (y que viste sayas), centauro, bestia mítica que contrasta con el emasculado padre de la estampilla (San José) que sigue recogiendo los "óbolos" del Espíritu Santo sin enterarse de nada.

El nuevo Júpiter-Edipo se acoplará con la Virgen Yemayá, después de haber devorado al Espíritu Santo, mientras Alvarito-Jesús se alegrará de la violación de su madre esperando un hipotético renacimiento... pero, irónicamente, Alvarito no podrá escapar a su destino, como el padre impuesto por la historia y la tradición, nacerá blanco.

Nos encontramos frente a un mundo en donde los valores han sido tergiversados pero no anulados por medio de la unidad. La virgen negra se conduce como el ama blanca, pero llegada la hora, desconoce a su engendro blanco, y así sucesivamente. La madre, aquí la madre patria, está simbolizada por una legalidad policiaca, anónima que la anula y justifica las primeras palabras de *Don Julián:*

tierra ingrata, entre todas espuria y mezquina, jamás volveré a tí...

En cuanto al autor implícito, éste literalmente "aniquila" al padre el protagonista-narrador de *Señar de identidad* al hacerlo víctima de los republicanos. (Si hubiera sido víctima de los fascistas se la habría "recuperado", psicológicamente hablando.) Muerte estúpida, inconsecuente, que el eventual homosexualismo del narrador-protagonista confirmará. En cuanto a la madre, éste último no la niega sino que la "de-niega" a través de Dolores, al evitar su maternidad (y su propia paternidad) y al apoderarse de la pluma cuya tinta-semen engendrará la única prole deseable para el narrador. "De-negación" pues, en el sentido otra vez, de inversión, lingüística y real. Goytisolo, Álvaro, Alvarito, Julián, Juan son autosuficientes, totalizantes, polisémicos, víctimas y verdugos... pero de sí mismos.

ANÁLISIS DE DOS POEMAS ESPACIALES DE O. PAZ "ASPA" Y "CONCORDE" A PARTIR DE LAS COORDENADAS DEL Y CHING

Los *Discos visuales*[1] son, hasta la fecha, el ejemplo más patente de poesía y ritmo espaciales en la obra de Octavio Paz. Varios de los poemas que contienen aparecen en forma lineal en *Ladera este*,[2] lo cual facilita el contraste de las dos versiones de poemas como "Juventud" p. 98), "Concorde" (p. 96), "pasaje" (p. 112) y un fragmento de "Maïthuna" (p. 116) cuyo título en uno de los *Discos* es "Aspa".

Paz utiliza los trigramas del *Y Ching*[3] como "modelos" o "sets" que le permiten entregarse a una suerte de juego creador de acuerdo con el concepto que las doctrinas tántricas o el surrealismo, por ejemplo, tienen de este vocablo. El mismo Paz nos lo dice en "Poesía en movimiento":

> Me decidí a usar el *Y King* —como guía, no como oráculo— por varias razones. En primer término, porque une a la idea de cambio la complementaria de facilidad. (*Y* significa mutación y fácil). Aplicar los signos del movimiento a una situación en movimiento es más fácil que tratar de entenderla con categorías y conceptos inmóviles. Además es un método que ha hecho sus pruebas conmigo; si me ha servido para escribir poemas (y no soy el único, el músico John Cage también usa el *Y King),* ¿por qué no emplearlo como sistema de coordenadas? No le atribuyo valor sobrenatural ni rigor científico. No es una revelación y sus reglas no son menos arbitrarias e hipotéticas que

---

[1] Octavio Paz, *Discos visuales* (México, Era, 1968).
[2] —————, *Ladera este* (Joaquín Mortiz, México, 1969).
[3] *Y Ching* (New York, The New American Library, 1971).

las de la crítica marxista o estructuralista, estilística o fenomenológica. Como todos los juegos obedece a leyes precisas. Como casi ningún otro juego, estimula la percepción y la imaginación.[4]

Los *Discos visuales* contienen poemas cuyo ritmo depende no sólo de la estructura prosódica y semántica de los mismos, sino de elementos externos, espaciales. Depende de los dibujos de Vicente Rojo, del diseño de los discos, de la tipografía, de los colores y de la geometría de la lectura (verticalmente y de arriba hacia abajo en "El agua baja hacia los árboles"; horizontalmente o con movimiento quebrado como en "el viento por los caminos", etc). Los *Discos visuales* le deben también mucho al tantrismo y a sus mandalas. Ahora bien, el ritmo es un componente vital del *Y Ching* y del tantrismo, así como los espacios en blanco que forman parte de éste. La dinámica del cambio en el *Y Ching* está formada por la alternancia de los principios "Yin" (femenino y pasivo) y "Yang" (masculino y activo). A estos principios corresponden la pareja tántrica de "Karuna" y "Prajna", siendo el primero la pasión, el lado masculino de la realidad, y el segundo la sabiduría y el lado femenino de la realidad. Ambos forman parte de un todo único y son intercambiables. La unión de "Prajna" y de "Karuna" es "Sunyata": La vacuidad... vacía de su vacuidad: mientras que "Maïthuna, es la unión sexual. (*Ladera este* notas, p. 181.)

"Aspa", uno de los poemas contenidos en los *Discos visuales,* y que forma parte de "Maïthuna" en *Ladera este,* puede interpretarse de acuerdo con la estructura espacial de los trigramas del *Y Ching,* según la cual cada uno de los ocho trigramas originales corresponde a un punto en la rosa de los vientos. En "Aspa", el número 1, que corresponde al norte, también corresponde al trigrama "K'an" (según el rey Wen) y al trigrama "K'un (segú Hu-Hsi), mientras que los trigramas correspondientes al sur serían respectivamente "Li" (rey Wen) y "Chi'ien" (Fu-Hsi). El primer hexagrama, según el rey Wen, se encuentra en el punto de intersección de las dos coordenadas: "Li-K'han" (de sur a norte o de abajo hacia arriba), y éste sería "Wei-Chi" (antes de la terminación). Sus componentes son: arriba,

---

[4] Octavio Paz, *Poesía en movimiento* (México, Siglo Veintiuno Editores, 1966). p. 25.

"Li" (fuego, brillo, belleza); abajo "K'an" (agua, pozo, peligro). Si cotejamos este hexagrama con el de la versión de Fu-Hsi, que nos da "P'i'i" (estancamiento) y que está compuesto por "Ch'ien" arriba (cielo, lo creativo, hombre activo) y "K'un" abajo (la tierra, hembra, pasiva, receptiva) vemos que se complementan. "Aspa", como muchos otros poemas de Paz, identifica a la unión sexual con la creación poética, al vértigo con la fijeza, al vacío con la plenitud, a la comunión con la soledad. Al girar, el disco transpone a los símbolos masculinos los femeninos y viceversa. Así como el día "en plena mañana" se transforma en el día "en plena noche". El poema termina con los cuatro brazos del aspa multiplicando cuatro veces la palabra "aspa", mientras se repite el verso entero anulando toda polarización: "Aspa/ Fijeza plantada en un abra". El aspa, por su parte, es una (brazo de molino) y varias al girar, formando también una cruz griega, un signo de multiplicación. Es "Yin" y es "Yang": fijeza y movimiento, hombre y mujer. Es la "Fijeza plantada en un abra" del verso siguiente, "Abra" siendo aquí: ensenada, golfo, apertura despejada de montañas, valle, grieta del terreno, etcétera; que es también la "jaula de sonidos" del primer verso: jaula de imágenes cuyo símbolo es la hendidura sexual o "yoni": "en una piedra hendida/palpo la forma femenina" ("Vrindabahn", p. 57), escribe Paz, y explica: "ciertas piedras son signos de la gran diosa sobre todo si su forma alude a la hendidura sexual (yoni)".

En "Concorde" (que aparece también en *Ladera este,* dedicado a Carlos Fuentes, p. 96), el poema deriva su simbolismo del hexagrama "Ching" (pozo), compuesto a su vez por la unión (o más bien por la intersección, lo que explica la palabra "coordenadas" utilizada por Paz) de dos trigramas: "K'an" (pozo, hoyo, abismo, peligro, agua) y "sun" (dócil, penetración bosque, viento). Omito aquí las relaciones de parentesco, irrelevantes para entender los poemas de Paz. "Sun" pertenece al "Yin" y al "Yang". "Yin" simboliza, por medio de una línea interrumpida, al principio femenino del universo, mientras que "Yang", representa al principio masculino representado por una línea horizontal ininterrumpida. "Yin" es débil, mientras que "Yang" es fuerte. Sin embargo, al entrar en juego el movimiento, esta polarización puede invertirse. "Yin" sólo es débil en relación a "Yang" y viceversa. De acuerdo con las reglas de *Y Ching,*

las líneas del hexagrama se trazan de abajo hacia arriba, y forman
dos trigramas que pueden, a su vez, modificarse y formar uno o
dos trigramas distintos si obtenemos tres "Yin" o tres "Yang" para
trazar una de las líneas. Lo importante es que existe un trigrama superior y otro inferior que son necesarios para establecer las coordenadas que nos darán el nodo o hexagrama correspondiente. En el caso
de "Concorde", Paz escribe:

Arriba el agua
Abajo el bosque

ARRIBA
E
L
A
G
U
A
———
———
A
B
A
J
O
EL BOSQUE

El símbolo "agua" pertenece al trigrama "Q'an" y "bosque" a "Sun".
Por otra parte, "arriba" es masculino y "abajo" femenino. El disco
simboliza a un mismo tiempo el cambio cíclico, la alternancia y la
simultaneidad. Los dibujos de Vicente Rojo representan un diagra-
ma que sugiere dos pozos invertidos y gemelos en forma de T, en
el interior de los cuales se encuentra el texto del poema. Al girar, el
disco superior nos revela a través de las aperturas en forma de T
también, el tercer verso del poema: "El viento por los caminos", que
en el disco aparece como:

```
            E
             L

            V
             I
            E
             N
             T
             O

            P
             O
            R
             L
            O
             S

               S
              O
             N
             I
            M
           A
          C
```

Paz ha invertido los trigramas: El viento es uno de los atributos de
"Sun", el principio femenino; y se encuentra ahora en la parte superior del disco, mientras que los caminos, que simbolizan el peligro
(atributo de "K'an" y masculino) están impresos en la parte inferior
del disco. La tipografía añade a la impresión visual de movimiento de
"viento por los caminos", que a su vez contrasta con la fijeza, la
inercia y la quietud del pozo (símbolo también del vértigo en la
poesía de Paz):

QUIETUD
D
E
L

P
O
Z
O

———

EL CUBO EL AGUA
ES NEGRO ES FIRME

Nos hallamos frente a una representación visual de la unión de los contrarios. El pozo, al ocupar la parte superior del disco, es un atributo masculino y simboliza, al mismo tiempo, la vulva femenina. El agua adquiere también un valor femenino al aparecer en la parte inferior del poema (el cubo es un símbolo femenino de acuerdo con el *Y Ching.)* En nuestra lengua sucede lo inverso, siendo femenina el aguaı y masculino el cubo. El adjetivo firme, además, multiplica las características masculinas del agua y crea una imagen insólita mientras que el color negro le presta al cubo su misterio de sexo femenino. Los colores, tan importantes en las doctrinas tántricas, se han neutralizado. Además, de acuerdo con el *Y Ching,* si el cubo no fuese firme, este sería un presagio adverso, ya que el agua no podría llegar a la superficie. Debemos añadir que el intercambio visual de atributos, que forma parte del juego poético en el que participa el lector, es más fácil en los discos visuales que en la unidimensionalidad del texto que aparece en *Ladera este.* Por último en la cuarta parte del poema, "el agua", "baja hasta los labios". Los labios simbolizan al sexo femenino mientras que el abismo invertido o "cielo" es un atributo del trigrama masculino. Este disco es un poema erótico que conduce al lector a través de los estadios simbólicos del "maïthuna"[5] que culminan en la unión sexual y poética de los contrarios.

[5] *Ladera este,* pp. 16-121, y nota p. 181. Cf. el Capítulo V de Heinrich Zimmer: *Philosophbies of India* (Princeton University Press, 1969).

CORTÁZAR EN BUSCA DE UNO DE SUS PERSONAJES

En "La barca o nueva visita a Venecia",[1] Cortázar se propone la difícil tarea de reescribir un texto suyo que data de 1954 sin modificar lo ya escrito, salvo algunos retoques estilísticos, merced a la inserción en bastardillas de los comentarios de uno de los personajes del cuento, Dora. En el prefacio nos advierte que:

> Si Dora hubiera pensado en Pirandello, desde un principio hubiera venido a buscar al autor para reprocharle su ignorancia o su persistente hipocresía. Pero soy yo quien va ahora hacia ella para que finalmente ponga las cartas boca arriba. Dora no puede saber quién es el autor del relato, y sus críticas se dirigen solamente a lo que en éste sucede visto desde adentro, allí donde ella existe; pero que ese suceder sea un texto y ella un personaje de su escritura no cambian en nada su derecho igualmente textual a rebelarse frente a una crónica que juzga insuficiente o insidiosa. (p. 110).

Bueno, Dora también hubiera podido pensar en Cervantes o en Unamuno... pero tratándose de un relato que tiene lugar en Italia, Pirandello viene más al caso. Lo importante es ver cómo la transformación de un personaje que no es sino "comparsa" (p. 111) en crítica del texto y por ende de su contenido, lo altera prestándole una pluridimensionalidad que estaba totalmente ausente del texto original escrito exclusivamente en tercera persona o sea exclusivamente visto desde la tradicional objetividad de un Deus ex machina.

Dora es muchas cosas. Dora son los veintitrés años que separan

1 Julio Cortázar, *Alguien que anda por ahí*, Ediciones Alfaguara, Madrid, 1977. Todas las citas de "La barca" serán de esta edición y las páginas estarán citadas en el texto.

al autor de "La barca" del de "Usted se tendió a tu lado" otro de
los cuentos incluidos en el último volumen de Cortázar. Dora le
permite al autor reírse de su propio texto sin destruirlo, conservando
lo esencial del mismo, el tema del amor y de la muerte. Algunos
pasajes, algunas frases parecerían como excesivamente románticos,
casi cursis o telenovelescos sin la intervención de Dora quien, al hacernos sonreír, convierte al texto "anterior" en absolutamente necesario:

> 'Escucha con la boca', había pensado Valentina cuando del primer
> diálogo nació una invitación a beber el famoso coctel del bar, que
> Adriano recomendaba y que Beppo, agitándolo en un cabrilleo de cro
> mos, proclamaba la joya de Roma, el Tirreno metido en una copa con
> todos sus tritones y sus hipocampos. Ese día Dora y Valentina encon
> traron simpático a Adriano,

Hm.

> no parecía turista (él se consideraba un viajero y acentuaba sonriendo
> el distingo) y el diálogo de mediodía fue un encanto más de Roma
> en abril. Dora lo olvidó en seguida. Falso. Distinguir entre savoir faire
> y tilinguería. Nadie como yo (o Valentina claro) podía olvidar así
> nomás a alguien como Adriano; pero me sucede que soy inteligente
> y desde el vamos sentí que mi largo de onda no era el suyo. Hablo de
> amistad, no de otra cosa porque en eso ni siquiera se podía hablar
> de ondas. Y puesto que no quedaba nada posible, ¿para qué perder
> el tiempo? (p. 113).

Al principio del cuento la relación entre el lector, el texto "original" y los comentarios de Dora que introducen un segundo texto,
le permiten al primero esconderse detrás de las réplicas de Dora.
Esta se convierte, pues, en una especie de máscara del lector que le
permitirá identificarse con los protagonistas sin experimentar la más
mínima culpabilidad frente a un exceso de sentimentalismo incompatible con su "persona". El humo restablece el equilibrio del texto
y de su relación con un lector acostumbrado a "otro" Cortázar. En
otras ocasiones el sentido del humor de Dora simplemente nos regocija como en tantos otros cuentos de Cortázar:

> Valentina miró una y otra vez la boca de Adriano, la miraba al
> desnudo en ese momento en que el tenedor lleva la comida a los

labios que se apartan para recibirla, cuando no se debe mirar. Y él
lo sabía y apretaba en la boca el trozo de pulpo frito como si fuera
una lengua de mujer, como si ya estuviera besando a Valentina.
(...) dicho de paso, también hay ahí un plagio avant la lettre
de una famosa escena de Tom Jones en el cine. (p. 114).

A veces, claro, el lector se pregunta si existió en realidad ese texto
sin los comentarios de Dora, escrito hace más de veinte años o si
el texto que leemos no sería una variante de la primera frase del
cuento: "El turismo juega con sus adeptos..." (p. 111), a saber
"Cortázar juega con sus adeptos..." pero, de todas formas, lo interesante es la crítica del texto dentro del texto mismo, la fisura que
el humor crea dentro de un texto lineal y tradicional pero no falto
de poesía, que a su vez obliga al lector a adoptar el tipo de objetividad crítica en el que Brecht tanto insistiera.

Dora le permite también al autor convertir a una Valentina un
poco "a la Corín Tellado" en un ser humano, en una mujer que
trata de llenar el vacío que ha dejado en ella un fracaso matrimo-
nial y que tiene miedo de volver a entregarse, de continuar con esa
perpetua dialéctica de eros y de thanatos que anuncia con segura
intermitencia nuestra propia muerte. Dora anota la siguiente confi-
dencia de Valentina: "vos no me conocés, Dora, no tenés idea de
lo que me anda por dentro, este vacío lleno de espejos" (...) (p.
116).

Dora es también una suerte de alter ego de Valentina. El texto
"original" supone que no es sino una compañera de viaje encargada
del itinerario turístico. Un "patito feo" sin importancia. Sin embargo
la Dora dentro del texto, pero exterior al texto original parece co-
nocer demasiado bien a su compañera de viaje:

> ...todo era tan claro para mí, Valentina Pluma al Viento, la Neura
> y la Depre y doble dosis de valium por la noche, el viejo cuadro de
> nuestra joven época. Una apuesta conmigo mismo (sic) (...) (p.
> 121-123).

Nos da la impresión de ser el doble de Valentina. La turista "responsable" y metódica que quiere gozar del viaje tranquilamente sin
tener que complicarse la vida con la "otra" Valentina que ve en los
encuentros masculinos una suerte de fuga... aún cuando quisiera,

en un momento del texto "original" que fuera para siempre, porque los "parasiempres" son ficticios talismanes contra la muerte.

Como lectora (y crítica) del texto original, Dora se transforma también en personaje activo, deja de ser mera comparsa, añadiendo una tercera dimensión a la trama del cuento. A través de sus comentarios introduce un triángulo amoroso, apenas apuntado en el primer texto: "Sentía (Adriano) celos de Dora, los disimulaba apenas..." (p. 115). Es Dora quien siente ahora celos de Adriano y del gondolero Dino. Celos que nos ayudan a comprender la súbita aparición de Adriano en Venecia después de la aventura de Valentina con Dino, ya que nos enteramos de que Dora le ha telefoneado con el propósito implícito de provocar una escena que le devuelva eventualmente a Valentina. O sea que Dora modifica no solamente nuestra interpretación de lo escrito sino también de la trama que a su vez modifica el contenido del cuento, pero siempre a partir de "intuiciones" que el primer texto despierta en el hipotético lector de ese texto que no es sino el autor, añadiendo, cambiando, puliendo su propio texto a través de los comentarios de Dora.

Como en un juego de espejos. Dora le permite a Cortázar establecer nuevas convergencias y divergencias y nuevas posibilidades. Produce un "déclenchement" en el sentido que Derrida le da a este término en *La Dissémination,* que multiplica los niveles del texto. Por ejemplo, Dora, al proyectar sus propios deseos homosexuales sobre Valentina anota:

Hm.

> ¿Por qué le iba mal con los hombres? Mientras piensa cómo se la hace pensar, hay como la imagen de algo acorralado, sitiado: la verdad profunda, cercada por las mentiras de un conformismo irrenunciable. Pobrecita, pobrecita. (p. 129).

Pero, irónicamente, al utilizar el artificio de Dora, Cortázar ha desplazado al lector, al crítico, al espectador. Dora es también nosotros, los lectores. Cortázar nos introduce en el cuento y nos desarma, nadamos en pleno texto, en plena literatura, dejamos de contribuir, desaparecemos. Ya en *Rayuela* Cortázar había introducido la multiplicidad de lecturas, pero en esa gran novela presentaba al lector

con una variedad de opciones sin acorralarlo. El lector no es Morelli
ni es ninguno de los personajes, puede jugar, pero no existe por parte
del autor la intención de atraparlo... En "La barca", por el contra-
rio, la trampa es perfecta... desde el prefacio. Nuestra reacción es,
efectivamente, automática. Aún antes de leer el texto del cuento ya
nos previene Cortázar que éste le parece malo... pero que le gusta
"tanto". Nos dice que el texto es falso "porque pasa al lado de una
verdad que entonces no fuí capaz de aprehender y que ahora me
parece evidente." (p. 110).

El adepto(a), y yo soy una de ellas, empieza por querer encontrar
algo que le guste en el texto "original"... pero éste materialmente
no se puede leer sin los comentarios de Dora, o sea sin hacer trampa,
y sin caer en la trampa... "No es un cuento de Cortázar... no
puede ser un cuento de Cortázar... pero sí, con Dora *es* un cuento
de Cortázar..." Y Dora nos obliga a meternos en el inter-texto, en
el tejido de alusiones, de imágenes, de lugares comunes que eventualmente se convertirán en La Muerte... en el fin de toda dialéctica,
de toda contribución "viva" al texto... en la aceptación de la "golondrina", o sea de nuestro destino, que es la muerte.

Valentina sabe que "También Adriano es la muerte" (p. 124)
ya que todo "lo que se posee es la muerte porque anuncia la despo-
sesión, organiza el vacío a venir". (p. 125), pero también nos dice
que "haber pensado eso valía tan solo como una metáfora puesto que
renunciar a Adriano mataría algo en ella, la arrancaría a una parte
momentánea de sí misma..." (p. 124). Trata de huir de esta dialéctica quizá demasiado trillada (pero no por ello menos cierta) con
un "Refranes infantiles, matariru liru la..." (p. 125). La tensión
entre el vacío y la nada que llamamos vida se adelgaza súbitamente:
"Sabía... que Adriano no cambiaría su vida por ella. Osorno por
Buenos Aires." (p. 125); y una vez más Dora nos ayuda a com-
prenderla apuntando la "mala fe" (en el sentido existencialista del
término) de Valentina:

> ¿Cómo podía saberlo? Todo apunta en la dirección contraria; es
> Valentina la que jamás cambiaría Buenos Aires por Osorno, su ins-
> talada vida, sus rutinas rioplatenses. En el fondo no creo que ella
> pensara eso que le hace pensar; también es cierto que la cobardía
> tiende a proyectar en otros la propia responsabilidad, etcétera. (p. 125).

Esa tensión se desvanece en el preciso momento en que la golondrina muerta cae a los pies de Valentina: "fulminada en un arte que de pronto, esquivo y cruel, había dejado de sostenerla." (p. 126).

A partir de ese momento empezará la fuga de Valentina que la llevará a Venecia, verdadera metáfora de la unión de eros y de thanatos. Venecia y sus canales secretos, Venecia-mausoleo... Y Dino, gondolero de la muerte, remero del Styx que desemboca en la otra orilla, en la Fondamenta Nuove, en el cementerio. Su aventura con Dino, su erotismo sin ambages, ni futuro, ni sentimentalismo, ni "para siempre" al abrir las compuertas de la libertad le revelan también su propia muerte. Quizás su incapacidad de soportar ese estado de incertidumbre y tensión que produce esa indefinible ansiedad que es síntoma de vida se revelen por última vez durante su primer paseo en Góndola que la conduce inexorablemente al lecho de Dino:

> Mirando otra vez hacia proa, Valentina vio venir un pequeño puente. Ya antes se había dicho que sería delicioso el instante de pasar por debajo de los puentes, perdiéndose un momento en su concavidad rezumante de moho, imaginando a los viandantes en lo alto, pero ahora vió venir el puente con una vaga angustia como si fuera la capa gigantesca de un arcón que iba a cerrarse sobre ella. Se obligó a guardar los ojos abiertos en el breve tránsito, pero sufrió, y cuando la angosta raja de cielo brillante surgió nuevamente sobre ella, hizo un confuso gesto de agradecimiento...; de pronto necesitaba estar cerca de alguien vivo y ajeno a la vez, mezclarse en un diálogo que la alejara de esa ausencia, de esa nada que le viciaba el día y las cosas. (p. 133).

Pavor del retorno al gene, al vientre materno, a la nada que ya Dora había presentido que la habitaba desde el principio del relato:

> Me cuesta imaginar que Adriano, por masculinamente ciego que estuviera, no alcanzara a sospechar que Valentina estaba besando la nada en su boca, que antes y después del amor Valentina seguiría llorando en sueños. (p. 116).

Evidentemente la parte inferior del puente podría también simbolizar al sexo femenino y Dora así lo ve desde su perspectiva homosexual:

... Tal vez la ausencia de Adriano ganaba peso en Valentina, pero una vez más como la máscara de otra distancia, de otra carencia que ella no quería o no podía mirar cara a cara. (Wishful thinking, acaso; pero, ¿y la celebérrima intuición femenina? La noche en que tomamos al mismo tiempo un pote de crema y mi mano se apoyó en la suya, y nos miramos... ¿Por qué no completé la caricia que el azar empezaba? De alguna manera todo quedó como suspendido en el aire, entre nosotras, y los paseos en góndola son, es sabido, exhumadores de semisueños, de nostalgias y recuentos arrepentidos.) (p. 134).

Dora le permite también a Cortázar introducir en el cuento un elemento de ilusión dramática. Los comentarios de Dora están hechos en primera persona y como escribe Derrida:

> Dans cette échéance aux arêtes nombreuses, celui que dit *je* au présent dans l'évènement dit positif de son discours ne saurait avoir que l'illusion de la maîtrise. Alors même qu'il croit conduire les opérations, à chaque instant et malgré lui sa place —l'ouverture au présent de quiconque croit pouvoir dire *je,* je pense, je suis, je vois, je sens, je dis (vous, par exemple, ici, maintenant)— est décidé par un coup de dés dont le hasard développe ensuite inexorablement la loi.

o sea que el elemento[2] de intimidad que aporta la añadidura de la crítica de "Dora" al primer texto, aún cuando representa una apertura que le permite al autor multiplicar las facetas del texto, se convierte también en otro elemento del juego literario, del drama que se está desarrollando bajo los ojos del lector.

El personaje de Dora, al rebelarse en contra del texto "original" nos da a nosotros los lectores "externos" la impresión de que ella controlaba el desarrollo de la acción mucho más de lo que el "primer texto" intimaba, sobre todo después de la llamada telefónica de Adriana en Venecia. Estos detalles no alteran en lo más mínimo la conclusión del cuento, solo contribuyen a enmarcarlo con mayor nitidez en el esquema original del autor. Es a partir de ese esquema original, de ese primer texto que Dora va a reaccionar, y como se le hace reaccionar como lectora (que también fue protagonista-comparsa del drama original) y que se expresa en primera persona, es igualmente necesario que sus reacciones sean subjetivas, emocionales. El texto mismo produ-

2 Jacques Derrida, *La Dissémination,* Collection "Tel Quel", Seuil, 1972, pp. 330-331.

ce el primer "déclenchement" (el comentario sobre la mirada de Valentina) que va a ir moldeando, inexorablemente, a Dora como lectora, creando la ilusión de que ha usurpado nuestro papel además de haber modificado el texto anterior, lo cual en el fondo es también una ilusión, que es la verdad... del texto.

Si pudiéramos hablar de un primer texto y de un segundo texto en "La barca o nueva visita a Venecia", el primer texto narra algo que ningún viajero desconoce: los encuentros fortuitos, los romances más o menos desgarradores pero rara vez terminales que el turismo propicia. En el caso de Adriano y de Valentina el lector podría suponer que tienen algo en común ya que ambos son sudamericanos, y más específicamente del cono sur. De igual modo, la aventura de Valentina con el gondolero Dino debe responder a las fantasías eróticas de más de una turista de clase media y algo emancipada, como supongo que responderá a la de muchos gondoleros. Por otro lado Dora —la primera Dora— responde a otro lugar común: El de la compañera de viaje meticulosa, ordenada, que no representa ningún peligro para la heroína por no haber sido igualmente dotada por la naturaleza.

Lo interesante es que, a partir de una infraestructura tan aparentemente débil o trillada, haya surgido un primer texto que traza los primeros pasos de una mujer en vías de liberarse con sus opciones y sus peligros y su fracaso final, y un segundo texto que no sugiere otras opciones sino otras motivaciones de índole freudiana, pero en realidad totalmente gratuitas ya que el texto "Original" no corrobora en nada las sospechas que Dora alberga sobre las inclinaciones lesbianas de Valentina. Dora proyecta sus propias tendencias y nos da una interpretación subjetiva de los hechos con la intención, claro, de parecer objetiva. El personaje de Dora le permite pues a Cortázar introducir la ilusión de la objetividad crítica. Afortunadamente el tener conciencia de que se trata de una ilusión no destruye esta ilusión y éste es el mérito mayor del cuento.

JULIO CORTÁZAR Y LA NOVELA NO ESCRITA

Juan Eugenio Corradi: "La Argentina ausente."

Literature is the catastrophe of interpretations.

The 20th Century has witnessed the emergence of a potent —and, I think, possibly even new— literary form, which we might dub, informally, the unwritten novel. The unwritten novel is a book, however polished, that seems a compilation of fragments. A typical example looks like a salad of autobiography, notebook extasies, diaristic confessions, prose poems, epigrams, meditations, shafts of critical discourse. Yet these scattered works are not mere pastiches. They do have a unity; but theirs is the coherence of a unifying refusal, an energizing denial.

Stephen Koch: "Flights of a Polymath's Fancy."

Julio Cortázar: "Del sentimiento de no estar del todo", *La vuelta al día en ochenta mundos.*

Escribo por falencia, por descolocación; y como escribo desde un intersticio, estoy siempre invitando a que otros busquen los suyos y miren por ellos el jardín donde los árboles tienen frutos que son, por supuesto, piedras preciosas. El monstruo sigue firme.

(...)il faudrait, dès maintenant, avancer que l'une des thèses-il y en a plus d'une-de la dissémination, c'est justement l'impossibilité de réduire un texte comme tel à ses effets de sens, de contenu, de thèse ou de thème. Non pas l'impossibilité, peut-être, puisque *cela se fait* couramment, mais la résistance-nous dirons la *restance*-d'une écriture qui ne s'y fait pas plus qu'elle no se laisse faire.

Jacques Derrida: *La dissémination.*

La vuelta al día en ochenta mundos de Julio Cortázar termina con la siguiente "Coda personal":

Por eso, señora, le decía yo que muchos no entenderán este paseo
del camaleón por la alfombra abigarrada y eso que mi color y mi
rumbo preferidos se perciben apenas se mira bien: cualquiera sabe
que habito a la izquierda, sobre el rojo. Pero nunca hablaré explícita-
mente de ellos, o a lo mejor sí, no prometo ni niego nada. Creo que
hago algo mejor que eso, y que hay muchos que lo comprenden. In-
cluso algunos comisarios, porque nadie está irremisiblemente perdido y
muchos poetas siguen escribiendo con tiza en los paredones de las
comisarías del norte y del sur, del este y del oeste de la horrible,
hermosa tierra.[1]

A la coda escrita se añade la reproducción de un Aguafuerte deci-
monónico que ilustra una línea de la novela de Jules Verne *Cinco
semanas en globo:* "¡No es tan difícil!", y que muestra a los personajes desafiando un impresionante precipicio, colgados de su precario
y visiblemente inestable vehículo.

En otro sitio del mismo libro de Cortázar leemos:

Lo mejor de la literatura es siempre *take,* riesgo implícito en la
ejecución, margen de peligro que hace el placer del volante, del amor,
con lo que entraña de pérdida sensible pero a la vez con ese compromiso total que en otro plano da al teatro su inconquistable imperfección
frente al perfecto cine. Yo no quisiera escribir más que *takes.*[2]

Cortázar, "homo ludens", se mueve en un espacio de ritmo emi-
nentemente erótico, impulsado por el deseo, las contradicciones vi-
tales y la anticipación del vértigo que anhela plasmar. La constante
que permea este espacio es la esperanza de que el silencio que sigue
al climax no sirva sólo de catarsis sino que coincida con la página
en blanco, con el gran libro del mundo. Cortázar se desplaza pues
en la pluralidad implícita en la aparente unidimensionalidad del término "take", en su latente polisemia a pesar de su indiscutible ma-
terialidad de objeto que plasma la suspensión del tiempo y del espacio. Al escribir 'suspensión', no quiero decir negación de su histori-
cidad. Nos encontramos más bien ante lo que Octavio Paz llamara

[1] Julio Cortázar: *La vuelta al día en ochenta mundos,* México, Siglo
Veintiuno Editores, 1967, p. 213. Las citas de este libro aparecerán como:
La vuelta..., p. x.
[2] Ibid., p. 201.

"presente puro",[3] ante el punto de intersección de todas las coordenadas posibles de la obra-mandala de Julio Cortázar:

Diferencia entre "ensayo" y *take*. El ensayo va llevando paulatinamente a la perfección, no cuenta como producto, es presente en función de futuro. En el *take* la creación incluye su propia crítica y por eso se interrumpe muchas veces para recomenzar; la insuficiencia o el fracaso de un *take* vale como un ensayo para el siguiente, pero el siguiente *no es nunca* el anterior en mejor, sino que es siempre otra cosa si es realmente bueno.[4]

Explicación que nos recuerda la definición que Derrida nos diera de la "différance":

(. . .), cette économie —de guerre— qui met en rapport l'altérité ou l'extériorité absolue du dehors avec le champ clos, agnostique et hierarchisant des oppositions philosophiques, des "différents" ou de la "différance".[5]

Nos encontramos frente a la ya célebre "fisura", frente al "écart" que es para Derrida "le premier effet de la dissémination."[6] Fisura que es a su vez una ilusión ya que el autor, Cortázar en nuestro caso, no puede hacer las veces de una grabadora automática o de una cámara fotográfica y se ve obligado a recurrir a la ilusión de una apertura que sea a su vez un "bord", una "différance" para captar lo que Hegel llamara el proceso de la "verdad". Siendo ésta el resultado que aún retiene la huella de aquello que ha expulsado:[7]

La tarea de ablandar el ladrillo todos los días, la tarea de abrirse paso en la masa pegajosa que se procalma mundo (. . .).[8]

Tarea que, en el caso de Cortázar implica ante todo romper con el hastío de lo cotidiano, de la repetición sonámbula del robot en que la rutina tiende a convertirnos:

[3] Octavio Paz: *Libertad bajo palabra,* México, Fondo de Cultura Económica, p. 9.
[4] *La vuelta . . . ,* p. 201.
[5] Jacques Derrida, *La Dissémination,* Paris, Editions du Seuil, 1972. p. 11.
[6] Ibid., p. 12.
[7] Ibid., p. 17.
[8] Julio Cortázar: *Historias de Cronopios y de Famas,* Buenos Aires, Ediciones Minotauro, p. 11.

Negarse a que el acto delicado de girar el picaporte, ese acto por el cual todo podría transformarse, se cumpla con la fría eficacia de un reflejo cotidiano. Hasta luego, querida. Que te vaya bien.[9]

Es lo que Derrida en sus comentarios sobre el *Fedro* de Platón llama repetir sin saber, lo que emparenta a la escritura con el mito: "On commence par répéter sans savoir-par un mythe-la définition de l'écriture: répéter sans savoir."[10] Dialécticamente, sin embargo, la repetición que se repite sin saberlo abre las puertas, ya no del mito, sino de la fábula, escritura personal que no nace "ex-nihilo" como lo afirman ciertos autores,[11] sino que es el producto, una vez más, de la certera intersección de muchos planos —el sociopolítico, el individual, el histórico, etcétera, sin olvidar, claro está al mallarméano azar—. Por su parte, Cortázar no se erige en contra de la repetición en sí:

Y no que esté mal si las cosas nos encuentran otra vez cada día y son las mismas. Que a nuestro lado haya la misma mujer, el mismo reloj, y que la novela abierta sobre la mesa eche a andar otra vez en la bicicleta de nuestros anteojos, ¿por qué estaría mal?[12]

Ve en el cincel del escritor un hacha que debe "ablandar" ese "ladrillo de cristal" de manera que más que espectadores logremos ser "voyeurs" y más que "voyeurs", videntes, partícipes de lo "otro" y ya no únicamente puentes entre las dos orillas —la de lo cotidiano y la de la poesía— sino también otra cosa:

Cuando abra la puerta y me asome a la escalera, sabré que abajo empieza la calle; no el molde ya aceptado, no las casas ya sabidas, no el hotel de enfrente: la calle, la viva floresta donde cada instante puede arrojarse sobre mí como una magnolia, donde las caras van a nacer cuando las mire, cuando avance un poco más, cuando con los codos y las pestañas y las uñas me rompa minuciosamente contra la pasta del ladrillo de cristal, y juegue mi vida mientras avanzo paso a paso para ir a comprar el diario a la esquina.[13]

[9] Ibid., p. 11.
[10] *La Dissémination*, p. 84.
[11] Hugo Achúgar: "Ficción, poder y sociedad en *Casa de campo*", *Revista Iberoamericana,* Madrid, 1980, p. 8.
[12] *Historias de C. y de F.*, p. 12.
[13] Ibid., p. 13.

Cortázar concibe pues la escritura como salto mortal y total compromiso, hecho que lo emparenta a un mismo tiempo con escritores realistas e idealistas en cuya obra el humor, lo cotidiano y lo absurdo no sólo rescatan al texto "avant la lettre" de una siempre posible caída en los dostoievskismos tremendistas que nuestro autor deplora en algunos autores latinoamericanos, sino que le evitan los peligros que conlleva todo revés inherente en la destrucción de lo "aceptado" o "real". Es lo que Derrida llama "renversement":

> C'est pourquoi la déconstruction comporte une phase indispensable de *renversement*. En rester au *renversement,* c'est opérer, certes, dans l'immanence du système à détruire. Mais s'en tenir pour aller plus *loin,* être plus radical ou plus audacieux, à une attitude d'indifférence neutralisante à l'égard des *oppositions classiques,* ce serait, faute de s'emparer des moyens d'y intervenir, confirmer l'équilibre établi. Ces deux opérations doivent donc être conduites dans une sorte de *simul* déconcertant dans un mouvement d'ensemble, mouvement cohérent, certes, mais divisé, différencié et stratifié.[14]

Derrida continúa estableciendo que la fisura entre ambas operaciones debe permanecer abierta. También añade la importancia de la heterogeneidad de todo texto que participe en esta operación y de la imposibilidad de concentrar la fisura en un solo punto.

En *La vuelta al día en ochenta mundos* y *Último round,* el juego intertextual se prolonga mediante la utilización de dibujos, caricaturas, fotografías y montajes que multiplican los niveles metafóricos de la fisura. Ésta se nos da unas veces como "la puerta para ir a jugar" que da al espacio que ocupa el "eros-ludens" en donde el autor cita a George Bataille, J. P. Donleavy, P. Blackburn, H. Miller, Genet y Joyce para hacer resaltar la pudibundería y falta de humor de más de un autor que publica en español. Pudibundería que les veda el territorio lúdico-erótico. Para Cortázar el humor y el erotismo son dos de las puertas al campo de la liberación. Puertas que apenas han sido entreabiertas por escritores como Fuentes, Vargas Llosa y otros poquísimos autores de habla hispana. Fotos de "yonis" hindúes, de un conocido cuadro de Dalí, vulvas, falos, cinturones de castidad que se funden y confunden sin cerrar, sin embargo, la con-

---

[14] La *Dissémination,* p. 12.

sabida fisura que en el texto va traviesamente substituyendo sílabas y palabras por "/". Metáforas gráficas que se convierten en circunloquios. Al pedir, además, la eliminación de todo tabú, nos incita a abrir brechas que nos permitan ver que la realidad misma, por más rutinaria que sea, se fisura en cuanto invertimos la perspectiva con la cual la miramos habitualmente. "Más sobre escaleras" es uno de los muchos ejemplos de este fenómeno que permea las páginas de los textos que nos ocupan. Basta con que haya "escaleras para ir hacia atrás."

> Pero tenga cuidado, es fácil tropezar y caerse; hay cosas que sólo se dejan ver mientras se sube hacia atrás y otras que no quieren, que tienen miedo de ese ascenso que las obliga a desnudarse tanto; (. . .).[15]

No es suficiente darle la vuelta al guante de lo cotidiano pues verso y anverso terminarían por anularse mutuamente, reestableciendo el equilibrio, y por ende, el "status quo". El riesgo que resulta de la tensión entre verso y anverso, de una porosidad de pronto concreta y opaca que defiende su identidad y puede provocar "otra cosa" es el que mantendrá vigente la ilusión de la fisura.

Sin embargo, aquello que le es dado hacer al autor-lector Cortázar, así como al lector-cómplice del juego de la diseminación —al que no cae en la trampa de querer someter la polisemia y los poliniveles del texto-contexto-intertexto a la rigidez de un análisis estructural o temático— no le será permitido a quien, al tratar de dominar la multiplicidad textual no lo logra a pesar de tener conciencia de ella. Derrida nos dice que "la précipitation signifiante introduit un *débord.*" (p. 27). El ideólogo —y su ideología es aquí irrelevante, cae precisamente en el círculo vicioso que la diseminación evita a semejanza de un trapecista cuyos saltos, piruetas y demás figuras sobre la cuerda floja sólo tuvieran por estructura el vacío.

En uno de sus artículos, Françoise Pérus apunta este hecho, aún cuando su preocupación central sea la de la artificialidad de la dicotomía "fondo y forma" tan a menudo utilizada como pretexto para aislar totalmente del contexto socio-político, cultural y biográfico el

---

[15] Julio Cortázar: *Último round,* México/Italia, Siglo Veintiuno Editores, 1969, *Planta baja,* p. 175.

discurso literario o, inversamente, para explicarlo exclusivamente mediante uno de ellos. Pérus escribe:

> En efecto, no deja de resultar paradójico el que, tras amputar el signo lingüístico de su función diferencial y postergar la *prise en compte* del significado, el análisis "textual", centrado en la descripción formal del "significante", pretenda reencontrar a la salida de sus inventarios lo que previamente se había encargado de evacuar: esto es, precisamente la significación.[16]

En cuanto a Cortázar, para él "toda esfera es un cubo". El artista se autocondena a buscar la cuadratura del círculo:

> Una vez más lucharé contra la esfera que es, lo sé, un cubo; la pondré en un plano inclinado, mi tía pasará a la espinaca, el ciclo de siempre, las pelusas. Entonces yo esperaré a curarme de la crisis asmática y después pondré el cubo en un plano inclinado, porque es ahí donde tiene que quedarse y no en el estante del living al lado del pajarito.[17]

Cortázar parodia el mito de Sísifo mientras añade el del libre albedrío del poeta condenado, no por haber transgredido las leyes divinas sino las de la "polis" —la familia en el caso de la viñeta citada— y las del universo físico. Los dibujos que acompañan ésta y otras viñetas introducen además otro tipo de ironía pues el muñeco que se asoma al cubo vacío, se mete en él y trata de ponerse en pie en su interior, sólo logra, después de múltiples esfuerzos alargarlo y convertirlo en una suerte de féretro en el que no cabe totalmente acostado —boca abajo o boca arriba—. El muñeco es una caricatura de Cortázar, una metáfora irónica que adquiere significado cuando se la compara con la del niño Sísifo de "Toda esfera es un cubo". Asoma entonces otro Cortázar (y el mismo), un Cortázar trágico y sobrio, autor de los "takes" sobre el Vietnam y la India. El texto se autofecunda así, convirtiéndose en verdadero semen en movimiento. El desbordamiento o falta ("manque" en el vocabulario de Derrida)

---

[16] Françoise Pérus: "La formación ideológica estético-literaria. (Acerca de la reproducción y transformación del 'efecto estético')" *Revista Iberoamericana*, Núms. 114-115, enero-junio, 1981, p. 236.
[17] *Último round*, p. 147.

seminal, impulsada por la necesidad del juego va dibujando una serie
de cortes que evitan que los "takes" se conviertan en mariposas de
entomólogo. También explican el que Cortázar se reconozca en el
"Gran vidrio" de Marcel Duchamp (el que fue definitivamente inacabado). Los "takes" de Cortázar tienen mucho en común con los
"Ready mades" de Duchamp:

> Fulminado por una embolia mientras se cepillaba los dientes antes
> de acostarse, Duchamp es ahora su último *ready made,* la ironía si-
> lenciosa de irse una vez más en mitad de la fiesta sin los saludos de
> estilo, gato cortés y distante que sabe hacer de su aburrimiento un
> ovillo armonioso de sueño.[18]

Mientras que el ovillo de Cortázar sigue su curso y dibuja un
mandala perfectamente lógico en donde entra en juego el texto de
Octavio Paz sobre Duchamp, Nueva Delhi, y las "esculturas de viaje" que Duchamp llevara a la Argentina en 1918, uno de los pocos
años, según Cortázar, en que no "hubo golpes de estado en mis
pagos" (U.R., p. 186). Esculturas que le recuerdan a un tal Oliveira que "llenó de cordeles una habitación para que no se pudiera
circular en ella" (U.R., p. 186).

Cortázar se declara un "puente ignorante" entre Oliveira y Duchamp; entre la ficción y un artista que vivió (o así parecen indi-
cárnoslo su arte y su mito) como ente de ficción. Cortázar concluye
poniendo en entredicho "su" libertad:

> ¿En qué consiste *mi libertad?* Oliveira se creyó libre esa noche y
> no hacía más que repetir los gestos de Marcelo en otra noche porteña.
> Entre los dos, puente ignorante, yo cerraba el circuito. Ya es mucho,
> no me quejo. Mejor callarse como ellos.[19]

Conclusión irónica, evidentemente, ya que el juego intertextual
continúa, impulsado esta vez por la metáfora de la bola de billar. La
pregunta que surge de inmediato siendo ¿cuántos jugadores hay, y
cuántas bolas? Todo juego posee sus reglas y, a pesar de los piolines
que Cortázar pretende enredar a lo largo y ancho de sus libros *La*

---

[18] Ibid., p. 186.
[19] Ibid., p. 188.

vuelta al día en ochenta mundos y *Último round,* el intertexto se
acopla y autofertiliza precisamente porque existe una estructura con-
textual que nos permite reconocer los textos y participar, como lectores, en el juego. A propósito de este fenómeno Derrida escribe:

> Le hasard ou le coup de dés qui "ouvrent" un tel texte ne con-
> tredisent pas la nécessité rigoureuse de son agencement formel. Le
> jeu est ici l'unité du hasard et de la règle, du programme et de son
> reste ou de son surplus.[20]

El contexto de *La vuelta al día en ochenta mundos* y de *Último
round* que nos permite reconocer la estructura del intertexto es, en lo
esencial, el de la obra de Cortázar en su totalidad. Es el de la Argentina —presente y ausente—. Jorge Ruffinelli ha escrito que:

> Aunque Cortázar viva en Francia desde hace ya muchos años, pue-
> de afirmarse que constituye un ejemplo de un escritor que nunca dejó
> de mirar hacia su país, volcando en la literatura esa mirada aguda y
> penetrante que descifra los oscuros mecanismos de lo existencial y lo
> social a la vez.[21]

Por otra parte, el poema que Cortázar escribiera sobre Borges en
la India podría ilustrar la cita de Ruffinelli. La ubicuidad cultural
enriquece la identidad nacional o continental, no la borra ni la
reemplaza:

Justo en mitad de la ensaimada
se plantó y dijo: Babilonia.
Muy pocos entendieron
que quería decir el Río de la Plata.
Cuando se dieron cuenta ya era tarde,
Quién ataja a ese potro que galopa
de Patmos a Gotinga a media rienda.
Se empezó a hablar de vikings en el café Tortoni,
Y eso curó a unos cuantos de Juan Pedro Calou
Y enfermó a los más flojos de runa y David Hume.
A todo esto él leía
Novelas policiales.[22]

[20] La *Dissémination,* p. 62.
[21] Jorge Ruffinelli: "Introducción", *Inti,* Núm. 10-11, p. 21.
[22] *La vuelta,* p. 41.

En los dos libros que nos ocupan, la Argentina aparece y desaparece, se mete entre las rendijas del texto y del intertexto sin dejar nunca de estar presente. Las figuras y los colores del caleidoscopio se permutan y cambian, pero a su alrededor, inasible o concreta, vibra la realidad rioplatense. A veces se hace presente como cólera ante la trágica realidad de la historia, otras como nostalgia y dolor del exilio o como humor y ternura.

En "Razones de la cólera", Cortázar se pregunta por qué, a pesar de haber escrito tantos poemas en su vida, ha publicado tan pocos (no entraremos aquí en una discusión sobre diferencia de géneros ya que es bien sabido que en la obra de Cortázar como en la de muchos otros prosistas latinoamericanos, las fronteras entre prosa y poesía son difíciles de establecer). Añade Cortázar:

(...) y también por un placer perverso de guardar lo que es quizá más mío (...) Enemigo de confidencias directas, estos poemas mostrarán un estado de ánimo en la época en que decidí marcharme del país. "La patria" lo resume años después, con algo que será acaso mal entendido; para mí, detrás de tanta cólera, el amor está allí desnudo y hondo como el río que me llevó tan lejos.[23]

"La patria" concluye así:

Te quiero, país, pañuelo sucio, con tus calles cubiertas de carteles peronistas, te quiero sin esperanza y sin perdón, sin vuelta y sin derecho, nada más que de lejos y amargado de noche.[24]

Una vez más, al texto lírico se suma el intertexto visual. En este caso un aguafuerte de *Los hijos del capitán Grant,* de Jules Verne, que lleva por rúbrica: "El ombú protegía a los viajeros..." y una foto aún más nostálgica de Sara Facio y Alicia d'Amico que muestra una calle de barriada con sus botes de oja de lata y tiestos de plantas y flores, su calzada de adoquines, los patos de mampostería y el banquito vacío frente a una puerta abierta, la cortina que defiende la intimidad del interior y la fachada sin ventanas. Levante que retoñó en la Argentina.

23 Ibid., p. 195.
24 Ibid., p. 198.

A la cólera y a la añoranza se suma otro tipo de crítica, esta vez lingüística. Al comentar irónicamente sobre el estilo utilizado por muchos autores argentinos —y por extensión latinoamericanos— su crítica se inscribe una vez más en el plano de la liberación —política, erótica, psicológica, lingüística—. El autor se pregunta:

> ¿Por qué diablos hay entre nuestra vida y nuestra literatura una especie de "muro de vergüenza"? En el momento de ponerse a trabajar en un cuento o una novela el escritor típico se calza el cuello duro y se sube a lo más alto del ropero.[25]

Sin embargo, el criticar la prosa de los que llama "tortugones amoratados", inspirándose en la nomenclatura de Lezama Lima, no significa según Cortázar, "caer en una escritura de pizzería." En: "No hay peor sordo que el que", parodia de los "clisés idiomáticos que contaminan nuestras mejores prosas." Cortázar resume así su estilística:

> (. . .) por estilo se entiende aquí el producto total de la economía de una obra, de sus cualidades expresivas e idiomáticas. En todo gran estilo el lenguaje cesa de ser un vehículo para "la expresión de ideas y sentimientos" y accede a ese estado límite en que ya no cuenta como mero lenguaje porque todo él es presencia de lo expresado.[26]

Prosigue diciendo que "Decir poco con mucho parece ser una constante de este tipo de escritor"[27] además de que:

> Entre nosotros parece haber muy pocos creadores y lectores sensibles al estilo como estructura *original* en los dos sentidos del término, en la que todo impulso y signo de comunicación apunta a las potencias extremas, actúa en latitud, latitud y profundidad, promueve y conmueve, trastorna y transmuta-una "alchimie du verbe" cuyo sentido último está en trascender la operación poética para actuar con la misma eficacia alquímica sobre el lector.[28]

Para Cortázar la "operación" poética debería ser una de posesión y entrega totales, de allí que lo que les achaca a muchos de sus com-

---

25 Ibid., p. 34.
26 Ibid., p. 94.
27 Ibid., p. 95.
28 Ibid., p. 98.

patriotas sea el emplear la palabra como máscara, idea que encontramos también en Octavio Paz *(El arco y la lira:* "El lenguaje") y en Carlos Fuentes (por ej., en *Todos los gatos son pardos).* Con la diferencia de que Cortázar no se refiere al lenguaje "oficial" u "oficializante" sino al de varios de sus compatriotas que han publicado sendas obras de ficción y al de los críticos. En sus escritos deplora los floripondios, la superficialidad y la autosuficiencia, subrayando que es necesario reinventar nuestro lenguaje regresando a las verdaderas fuentes: Quevedo, Cervantes, Hernández, Sarmiento y sobre todo liberándonos del "journalese" y del "traslatese". Los grabados y dibujos de tipo antiguo que ilustran las páginas sobre el estilo añaden una dimensión visual e irónica al texto: gafas, lavativa, rastrillo de peluquero, destornillador, biblioteca, estudio, estufa de carbón y un gato leyendo (¿el texto?).

Cortázar también esgrime la espada del humor para criticar otra de las idiosincrasias que les atribuye a los intelectuales argentinos, la "sociología anomia" que aparece en los suplementos dominicales de los periódicos de su país y en cuyos textos se cita siempre al intelectual de moda: "Esperá un cacho —decía Polanco—, vas a ver que pronto le toca el turno a Lévi-Strauss si es que ya no empezó, y entonces agárrense fuerte, pibes."[29] Crítica de la" cultura" dominical de su país, que bien podría extenderse al resto de la América Latina y que concluye con un irónico:

> Los investigadores deberían provocar el encuentro nada fortuito del sociólogo y de la gorda para ver si se enciende la chispa genética y damos un terrible salto adelante.[30]

Los "investigadores" no nos salvamos de la navaja o cortaplumas de Cortázar, en éste y otros textos:

> Según Polanco que era el más viejo, veinte años atrás y por razones análogas el gato habría tenido que llamarse Rainier María, un poco más tarde Albert o William —averigua, averiguador— y posteriormente Saint-John Perse (gran nombre para un gato, si se lo mira bien) ... [31]

29 Ibid., p. 15.
30 Ibid.
31 Ibid.

Y, más adelante:

> Por si algún aludido o temeroso de alusión incurriera en el justo
> reproche de que es muy cómodo citar sin dar nombres (en la Argen
> tina ni siquiera se firman muchas supuestas críticas literarias), cumplo
> en indicar que las citas de este ensayo corresponden a pasajes de (por
> orden alfabético) Julio Cortázar, Mario F. Lancelotti, Eduardo Mallea
> y Dalmiro Sáenz, escogidos por la simple razón de que algunos de sus
> libros estaban al alcance de la mano mientras iba escribiendo esto.[32]

Los pasajes, claro, no están en orden alfabético y desde el intertexto asoma el guiño del autor dirigido a algún hipotético "investigador" quemándose las pestañas en alguna hipotética biblioteca en
busca de citas que resultan bastante obvias para quien pueda identificar el estilo de los autores mencionados por Cortázar. El mismo
recalca la gran diferencia que existe entre la crítica que sigue las
pautas de la moda y la que forma parte de la vanguardia literaria
al reconocerla y relacionarla con los grandes problemas universales
de una época específica, cruce de las coordenadas diacrónica y sincrónica:

> No puede dejar de ver que, fatalmente, quienes elogian esos capí
> tulos (La muerte de Rocamadour y El concierto de Berthe Trépat)
> están elogiando un eslabón más dentro de la tradición novelística, den
> tro de un terreno familiar y ortodoxo. Me sumo a los pocos críticos
> que han querido ver en *Rayuela* la denuncia imperfecta y desesperada
> del *establishment* que está haciendo de Adán, cibernética y minuciosa
> mente, lo que delata su nombre apenas se lo lee al revés: nada.[33]

La crítica de ciertos rasgos "típicamente" argentinos se engarza
en los libros de Cortázar que nos ocupan —a una crítica mucho más
amplia y de índole universal. El "monstruo" es el mismo a pesar de
las diferencias de nacionalidad:

> López ha llegado a darse cuenta de que el monstruo de la Place
> Azincourt es gárrulo y buen muchacho, un monstruo amable si se quie
> re, un monstruito siempre revolcándose un poco y dispuesto a la trave
> sura y al olvido, un monstruo como ya no se usan casi, mientras el de
> Vindobona Street es agrio y seco, parece a disgusto consigo mismo

[32] Ibid., p. 95.
[33] Ibid., p. 26.

y respira rastacuerismo y gadgets, es un monstruo resentido y desdichado.[34]

Toda la obra de Cortázar aboga por el equilibrio, la "juste mesure", el "understatement" y la liberación, así como en contra de lo estridente, lo verboso y lo falso vestido de aparato. Le gustaría que sus compatriotas (en el sentido continental de la palabra) encontraran la "pauta temperata" (ref. al dibujo erótico de la p. 30 de *La vuelta al día...*), "punta temperata" a la cual se llega dialécticamente y luchando contra la "fiaca" y la falta de naturalidad:

> Por más vueltas que le demos se vuelve a caer en querido o estimado. Che ¿no se podría inventar otra cosa? Los argentinos necesitamos que nos desalmidonen un poco, que nos enseñen a escribir con naturalidad: "Pibe, Frumento, gracias por tu último libro," o con afecto: "Ñato, qué novela te mandaste", o con distancia pero sinceramente: "Hermano, con las oportunidades que había en la floricultura," entradas en materia que concilian la veracidad con la llaneza. Pero será difícil, porque todos nosotros somos o estimados o queridos y así nos va.[35]

Las menciones que Cortázar hace de autores argentinos a quienes admira, tales como Macedonio Fernández, Bioy Casares y Borges, forman, claro está, parte del contexto argentino de su obra, así como forman parte de su contexto latinoamericano otros autores entre los cuales destacan Octavio Paz, Pablo Neruda y Lezama Lima con cuyas obras los textos de Cortázar tienen un fondo afectivo común aún cuando el intertexto no lo indique siempre de manera explícita.

También el habla porteña y la cultura popular tejen el intertexto cuyo contexto es el de la Argentina. Al comentar sobre aspectos de esta cultura, compara a Gardel con un cantante de tangos más reciente, Alberto Castillo, recalcando una vez más la interconexión que existe entre historia y arte, conexión que determina, a su vez, lo que Cortázar entiende por autenticidad:

> Los que crecimos en la amistad de los primeros discos sabemos cuánto se perdió de "Flor de fango" a "Mi Buenos Aires querido", de

[34] Ibid., p. 28.
[35] Ibid., p. 30.

"Mi noche triste" a "Sus ojos se cerraron". Un vuelco de nuestra historia moral se refleja en ese cambio como en tantos otros cambios.[36]

Dentro del contexto que abarca a América Latina allende el Río de la Plata, Cuba y su revolución es el tema que ocupa más espacio en los dos libros que nos ocupan, sobre todo en *Último round*. Éste y *La vuelta al día en ochenta mundos* fueron publicados en 1969 y 67 respectivamente, o sea a escasos dos años de distancia pero en el segundo domina, más que Cuba, la figura gigantesca de Lezama Lima. También encontramos en este volumen citas de poetas de la Revolución Cubana entre las cuales destaca una de un poema de Heberto Padilla, el del célebre caso que lleva su nombre.

Por otra parte, en *Último round,* la relación del autor con Cuba pasa a ser textual y no intertextual. Cortázar evoca directamente a Cuba en sus poemas o su carta a Fernández Retamar: "Acerca de la situación del intelectual latinoamericano".[37] Son textos personales cuyo contexto es el de los viajes que Cortázar hiciera a Cuba por aquel entonces, y que, además, iluminan el "otro" contexto tercermundista que incluye los textos sobre la India, el Vietnam y otros textos antiimperialistas:

> Se diría que las pinturas de Turner vuelven a inventar la luz, la tentación cotidiana de volver como en otros tiempos a una entrega total y fervorosa a los problemas estéticos e intelectuales, a la filosofía abstracta, a los altos juegos del pensamiento y de la imaginación, a la creación sin otro fin que el placer de la inteligencia y de la sensibilidad libran en mí una interminable batalla con el sentimiento de que nada de todo eso se justifica éticamente si al mismo tiempo no se está abierto a los problemas vitales de los pueblos, si no se asume decididamente la condición de intelectual del tercer mundo en la medida en que todo intelectual hoy en día, *pertenece potencial o efectivamente al tercer mundo.*[38]

Por último, hay que tomar en cuenta el contexto occidental de ambos libros, en el que Francia ocupa el lugar más destacado, no solamente por ser, desde hace décadas, el país de residencia de Cor-

---

[36] Ibid., p. 89.
[37] *Último round,* p. 199, *Planta baja.*
[38] Ibid., pp. 215-216.

tázar, sino por estar también inexorablemente ligado al contexto Argentino-Latinoamericano de la generación del autor.

Octavio Paz y Cortázar, además de sus afinidades en materia de gustos literarios están unidos lúdicamente en un intertexto de autores dadaistas, surrealistas y vanguardistas cuya obra no puede explicarse ni comprenderse sin la presencia de Novalis, Blake, Poe, Baudelaire y, sobre todo, Mallarmé. Más cerca de Novalis y de su *Enciclopedia* que de Musil, y pasando por Joyce, el contexto de la obra de Cortázar tiene por "cielo" en su juego de la rayuela un complejo mandala irónicamente ilustrado en la página 88 de *La vuelta al día en ochenta mundos*. Mandala que el autor pretende infinito en su eterno proceso de autofecundación, un poco a la manera de la obra del alienado Wölflin (p. 49).

> Aludo a la sospecha de arcaica raíz mágica según la cual hay fenómenos e incluso cosas que son lo que son porque, de alguna manera, también son o pueden ser otro fenómeno u otra cosa; y que la acción recíproca de un conjunto de elementos que se dan como heterogéneos a la inteligencia, no sólo es suceptible de desencadenar interacciones análogas en otros conjuntos aparentemente disociados del primero, como lo entendía la magia simpática y más cuatro gordas agraviadas que todavía clavan alfileres en figurillas de cera, sino que existe identidad profunda entre uno y otro conjunto, por más escandaloso que le parezca al intelecto.[39]

En el caso de Cortázar se trata, sin duda, de un mandala polisémico, polimórfico y polifónico, empero, este aspecto que tiende a multiplicarse a partir de la diseminación hasta proyectarse en transparencia pura a la manera de Mallarmé, de Duchamp o de Paz, crea precisamente la ilusión de la misma diseminación arriba mencionada a partir de un muy concreto y analizable juego de coordenadas contextuales. Coordenadas que ya hemos apuntado. Se trata pues de un contexto histórico sobre cuyo telón de fondo destacan las varias voces de artistas y escritores que, sumergidos en la modernidad tratan desesperadamente ya no de rescatar, sino de salvar su propia identidad, por más compleja que ésta sea, en medio del vertiginoso y multidimensional desplazamiento de la historia contemporánea en donde los sucesos particulares se ven anulados. Lo mismo sucede con todo in-

[39] *La vuelta . . . ,* p. 49.

tento de tratar de que se ajusten a una linearidad hoy obsoleta y
que algún día produjera la ilusión en lectores y espectadores de ser
una mímesis de la "realidad".

Maurice Blanchot nos dice que, como el Ulrich de Musil, el artista
moderno se ve obligado a definirse a partir de la nada y de dejar
atrás toda ilusión de existencia para centrarse en la "posibilidad",[40]
con la esperanza, ya no de cambiar el mundo, sino de crear un hombre nuevo. Cuando Cortázar escribe que: "El hombre se ha hartado
de cambiar la tierra. Es tiempo que la tierra cambie al hombre"
(V. al *D.*, p. 113), la "tierra", además de la ironía implícita en la
inversión de sentido del ideal surrealista de cambiar al mundo, se
convierte en algo intangible, en mera "posibilidad". La pregunta que
surge entonces es ¿Cómo evitar la eterna trinidad, el círculo vicioso?
Al final del último capítulo de *Rayuela* leemos:

> Era así, la armonía duraba increíblemente, no había palabras para
> contestar a la bondad de esos dos ahí abajo, mirándolo y hablándole
> desde la rayuela, porque Talita estaba parada sin darse cuenta en la
> casilla tres y Traveler tenía un pie metido en la seis de manera que
> lo único que él podía hacer era mover un poco la mano derecha en
> un saludo tímido y quedarse mirando a la Maga, a Manú, diciéndose
> que al fin y al cabo algún encuentro había, aunque no pudiera durar
> más que ese instante terriblemente dulce en que lo mejor sin lugar
> a dudas hubiera sido inclinarse a penas hacia afuera y dejarse ir, paf
> se acabó.[41]

Oliveira, metáfora del hombre contemporáneo, sólo existe verdaderamente en "ese instante" que no es otra cosa que "posibilidad"
pura. "Posibilidad" de "algún encuentro" aunque éste se haga vaga-
mente presente únicamente ante esa otra "posibilidad" que es el
suicidio.

Por otra parte, las casillas tres y seis, metáforas cabalísticas, representan un ritmo ternario que es a su vez una metáfora del eterno
retorno que incluye todos los posibles círculos del infierno. Nos encontramos frente al Adán cuyo semen derramado procrea a la man-

    [40] Maurice Blanchot: *Le Livre à venir,* Paris, Editions Gallimard, 1959,
p. 207.
    [41] Julio Cortázar: *Rayuela,* Buenos Aires, Editorial Sudamericana, 1969,
p. 404.

drágora cuyos frutos, en turno, envenenan al hombre (*V. al D.*, p. 13). La "posibilidad" se abre ante el hombre cuando éste se enfrenta a su propio fruto (mandrágora-Maga), lo acepta y asume, logrando así ver y oír. Este proceso implica, sin embargo, el sacrificio del fruto de la mandrágora-Maga (Rocamadour, en *Rayuela*).

Es pues en el intertexto en donde se revela esa "posibilidad" que también encontramos en sus textos. "Satori" que es el producto de la voluntad creadora del autor, Cortázar.

En *Rayuela*, Gregorovius piensa en Horacio como una "enorme metáfora". Al preguntarle la Maga lo que quiere decir con ello, aquel replica:

> El anda por aquí como otros se hacen iniciar en cualquier fuga, el voodoo o la marihuana, Pierre Boulez o las máquinas de pintar de Tinguely. Adivina que en alguna parte de París, en algún día o alguna muerte o algún encuentro hay una llave; la busca como un loco. Es decir que en realidad no tiene conciencia de que busca la llave, ni de que la llave existe. Sospecha sus figuras, sus disfraces; por eso hablo de metáfora.[42]

Cortázar tiende a convertir a los autores que más le atraen en metáforas-metáfora-Verne, metáfora-Paz, metáfora-Lezama-Lima, etcétera. Lo que parece atraerle en todos ellos es su afán totalizante, el descenso al "centro de la tierra", al origen, y el proceso por el cual la obra de estos autores trata de alcanzar ese "aleph" literario y existencial que incluye una exploración de todos los círculos del infierno. Sólo el lector "macho" puede acompañar a estos autores en su descenso infernal. Cortázar ilustra este hecho con un dejo de ironía, mencionando una cita que Lezama hace de Verne en la página 327 de *Paradiso:* "Descends dans le cratère du Yocul de Sneffels."[43]

Lo que impulsa al lector Cortázar es el deseo, que a su vez se emparenta a la "posibilidad" de Blanchot. "Posibilidad" cargada de erotismo como en las obras de Cernuda y de Paz:

> Sediento de ser, el poeta no cesa de tenderse hacia la realidad buscando con el arpón indefatigable del poema una realidad cada vez

[42] *Ibid.*, p. 160.
[43] *La vuelta*..., p. 212.

más ahondada, más *real.* Su poder es instrumento de posesión pero a la vez e inefablemente *es deseo* de posesión; como una red que pescara para sí misma, un anzuelo que fuera a la vez ansia de pesca.[44]

Y aquí Cortázar cita a Lezama Lima:

Pero ni lo histórico, ni la futuridad, ni la tradición, despiertan el ejercicio, la conducta del hombre, y eso ha sido Nietzsche el que mejor y más profundamente lo ha visto. Pero el deseo, el deseo que se hace coral, el deseo que al penetrar logra, por la superficie del sueño compartido, elaborar la verdadera urdimbre de lo histórico, eso se le escapó. *Difícil luchar contra el deseo, lo que quiere lo compra con el alma,* la vieja frase de Heráclito abraza la totalidad de la conducta del hombre.[45]

Es precisamente esa "posibilidad", que no es otra cosa que el "deseo" la que mueve al poeta Cortázar-Lezama-Lima a ceder ante el vértigo, y hundirse en el mundo de lo demoníaco. Como escribe Octavio Paz:

Entre la poesía y el poeta, entre Dios y el hombre, se opone algo muy sutil y muy poderoso: la conciencia, y lo que es más significativo: la conciencia de la conciencia, la conciencia de sí. Quevedo expresa este estado demoníaco en dos versos:
Las aguas del abismo
donde me enamoraba de mí mismo.[46]

Último round y *La vuelta al día en ochenta mundos* nos invitan, merced al juego intertextual a hundirnos en el "yo" y en la "circunstancia" del escritor Cortázar, convirtiéndonos así en partícipes activos de una novela no escrita.

[44] Ibid.
[45] Ibid.
[46] Octavio Paz: *Las peras del olmo,* México, UNAM, 1957, p. 127.

LOS REYES DE JULIO CORTÁZAR OVILLO
DE SU OBRA POSTERIOR

En el poema dramático *Los reyes* de Julio Cortázar, publicado por vez primera en 1949 y avatar del mito del minotauro, Ariana detiene, como en la historia original, el ovillo de hilo hacia el cual Teseo eventualmente retrocederá, una vez cumplida su misión de darle muerte al hijo de Minos y Pasifaé. En las indicaciones escenográficas que preceden a la tercera escena de la única pieza de teatro de Cortázar hasta la fecha, éste anota:

> Se ve entrar a los atenienses precedidos por Teseo. Con ademán liviano, casi indiferente, el héroe lleva en la mano el extremo de un hilo brillante. Ariana deja que el ovillo juegue entre sus curvados dedos. Al quedar sola frente al laberinto, sólo el ovillo se mueve en la escena.[1]

Cuando el ovillo cesa de moverse Ariana exclama: "El ovillo está inmóvil. ¡Oh azar!" (p. 51). Esta únicamente ha propiciado el encuentro entre la ciudad y el poeta, entre Teseo y el Minotauro, entre la gesta que es acción inconsciente y la aparente pasividad del habitante del laberinto que es la conciencia de un destino asumido. Ariana prefigura así a la Maga de *Rayuela*. Tiene algo de "anima" junguiana y otro poco de musa romántica.

No sólo es la hermana mítica del Minotauro sino que, sin ser su "alter ego", es su complemento. El verdadero doble del Minotauro es la pareja Minos-Teseo, quienes son, de acuerdo con éste, uno y el mismo:

[1] Julio Cortázar: *Los reyes,* Editorial Sudamericana, Buenos Aires, 1970, p. 48. Las citas de esta sobra son todas de la misma edición y aparecen en el texto con el agregado de la página respectiva al final del texto citado.

Este azar, igual que todos, se ha venido tejiendo con minucia y el Minotauro lo expone a la luz como envuelve rocío en su delación plateada el tapiz de Aracné. Nadie nos oye y yo soy Teseo. Es decir soy también Minos. (p. 32).

La unidad Minos-Teseo frente al Minotauro anuncia ya el tema del doble en la obra de Cortázar que alcanza su punto más álgido cuando Oliveira, en el capítulo 56 de *Rayuela*, y después de haberse referido varias veces a Traveler como a su "doppëlganger", le hace saber que ahora ocupan espacios infranqueables, laberintos irremediablemente separados:

Hablando de sustituciones, nada me extrañaría que vos y yo fuéramos el mismo, uno de cada lado. Como decís que soy un vanidoso, parece que me he elegido el lado más favorable, pero quién sabe, Manú. Una sola cosa sé y es que de tu lado ya no puedo estar.[2]

Ariana, por su parte, es el deseo que crea toda la tensión del drama y que la une al Minotauro más allá de la tumba eventual. El incestuoso deseo, metáfora de nuestro instintivo movimiento hacia la unidad primera que el parto destruye, lo encontramos a lo largo y ancho de la obra de Cortázar. Unidad que éste no logra encontrar ya que el hacerlo correspondería a dejar de escribir, de crear. "Las puertas del cielo", para citar otro título cortazariano, sólo se intuyen, no se transgreden.

En el monólogo de la tercera escena, Ariana, movida por su deseo de liberar a su amado Minotauro e ignorando que sólo la muerte en manos de Teseo podrá lograr esa liberación, imagina así el encuentro de ambos:

O hablará. Oh sus dolidos monólogos de palacio, que los guardias escuchan asombrados sin comprender. Su profundo recitar de repetido oleaje, su gusto por las nomenclaturas celestes y el catálogo de las hierbas. Las comía pensativo, y después las nombraba con secreta delicia, como si el sabor de los talleres le hubiera revelado el nombre. (p. 49).

[2] Julio Cortázar: *Rayuela*, Editorial Sudamericana, Buenos Aires, 1969, p. 400.

Ariana intuye y el Minotauro nombra. Entre ambos llegan al principio, que es la palabra. Como diría Octavio Paz, "Contra el silencio y el bullicio, invento la palabra, libertad que se inventa y me inventa cada día."[3] Ariana traduce toda la futura preocupación de Cortázar por los palíndromos, los oxímoros, los anagramas. Es decir por la conquista de la palabra que es también Ariana, la prohibida, la inasequible. De allí ese juego erótico y sensual en el cual la palabra es la protagonista, a pesar de su pluralidad y polisemia:

> Alzaba la entera enumeración sagrada de los astros, y con el nacer de un nuevo día parecía olvidarse, como si también en su memoria fuera el alba adelgazando las estrellas. Y a la siguiente noche se complacía en instalar una nueva nominación, ordenar el espacio sonoro en efímeras constelaciones. (p. 49).

Como en la gran novela de búsqueda que será *Rayuela,* ya en *Los reyes,* la mujer es la fuente del conocimiento, aunque no tenga plena conciencia de ello. Dijimos anteriormente que en el hilo de Ariana anidaba ya el palíndromo (de "palidromos" —que desanda lo andado— de "palín" —de nuevo y "dromos"— carrera.) Palíndromo del que, el igualmente inconsciente Teseo será un peón que anuncia ya el retorno de Oliveira a Buenos Aires y su encuentro con el viajero inmóvil, Traveler, su doble.

Toda la poética de la obra posterior de Cortázar está ya presente en las palabras de Ariana:

> Los ojos de Teseo me miraron con ternura. 'Cosa de mujer, tu ovillo, jamás hubiera hallado el retorno sin tu astucia.' Porque todo él es camino de ida. Nada sabe de nocturna espera, del combate saladísimo entre el amor y la libertad. ¡Oh habitante de estos muros!, y el horror a lo distinto, a lo que no es inmediato y posible y sancionado. (p. 50).

Como la Maga, Ariana cree en la liberación por medio del amor. Teseo es el instrumento de su deseo, el que le hará llegar al Minotauro el cordón umbilical en forma de hilo. Sin embargo, como Rocamadour, el hijo de la Maga, aquél también morirá: "Ya ves, el

---

[3] Octavio Paz: *Libertad bajo palabra,* México, Fondo de Cultura Económica, p. 10.

hilo de agua se seca como todos." (p. 60), dirá el Minotauro, y es
de notarse el juego de palabras y de conceptos entre Ariana-Aracné
y la Maga-mandrágora, que representaría el desarrollo de un tema a
parte, pero que indican la reticencia por parte del poeta de dejarse
literalmente enredar, acorralar, por un hilo que pueda construir un
laberinto que no sea el suyo propio.

También, y paradógicamente, sólo la muerte podrá liberar al minotauro, al poeta que habita el laberinto construido por Dédalo. Al
final de los capítulos no prescindibles de *Rayuela,* Oliveira ha tejido
su propio laberinto de piolines y, nosotros los lectores, entrevemos
que sólo la locura o el suicidio podrían liberarlo de la cárcel que
llamamos la realidad.

Hay un momento en el drama, durante el cual el Minotauro de
Cortázar responde a la tentación de matar a Teseo y seguir el hilo
de Ariana que lo sacaría del laberinto. En contraposición al Asterión de Borges que sí sale, aún cuando una sola vez, de su presunta
prisión. "Por lo demás algún atardecer he pisado la calle; si antes
de la noche volví, lo hice por el temor que me infundieron las caras de
la plebe."[4] El Minotauro de Cortázar añora el agua y el sol del
mundo:

> Habrá tanto sol en los patios de palacio (. . .) ¡Y de agua! Ex-
> traño tanto el agua, era la única que aceptaba el beso de mi belfo. Se
> llevaba mis sueños como una mano tibia. (p. 59).

y opta por dejarse sacrificar por Teseo cuando éste le dice: "Ariana
es el mar" (p. 59). El Minotauro sabe que Ariana ha dejado de ser
el mar en el momento en que ha actuado para recobrarlo por medio
del hilo cuya punta yace a los pies de Teseo:

> Ariana mezcló sus dedos con los tuyos para darle el hilo. Ya ves,
> el hilo de agua se seca como todos. Ahora veo un mar sin agua. Ahora
> veo solamente el laberinto, otra vez solamente el laberinto. (p. 60).

Como ya lo ha anotado Jaime Alazraki, "Por boca de Asterión
habla el filósofo".[5] Por boca del Minotauro habla el poeta, conde-

---

[4] Jorge Luis Borges: *El Aleph,* "La casa de Asterión", Emecé Editores,
Buenos Aires, 1957, p. 67.
[5] Jaime Alazraki: *La prosa narrativa de Jorge Luis Borges,* Editorial Gredos, Madrid, 1974, p. 299.

nado a comunicar lo incomunicable. Es el "señor de los juegos", el "amo del rito" (p. 73). Teseo se convierte entonces en su redentor, ya que, al cumplir el rito, perpetúa el mito, y el mito es el mundo de la poesía. Cuando el poeta es aceptado como "normal" por el común de los mortales deja de ser un individuo excepcional, de allí que el Minotauro le diga a Teseo: "Mira sólo hay un medio para matar a los monstruos: aceptarlos." (p. 64). Lo cual por su parte explica el que Teseo, el héroe, el símbolo máximo del "status quo", que es, a su vez "la otra cárcel, ya definitiva" (p. 61) o sea de la realidad, al decir "Ariana es el mar", esta oración muera como metáfora y se petrifique.

"La casa de Asterión" y "El Aleph" de Borges, fueron publicados por vez primera y respectivamente en 1947 y 1945 mientras que *Los reyes* de Julio Cortázar aparece en 1949. Este último había sin duda leído los textos de Borges. Su drama tiene, sin embargo, mucho más en común con "El Aleph" que con "La casa de Asterión". Las palabras que Alazraki escribiera a propósito de aquél, serían aplicables a la noción que Cortázar tiene del poeta:

> El poeta sabe que en la palabra se juega su propia realidad: es el hechicero de Novalis que toma sus propias fantasmagorías como apariciones autónomas, tal vez porque ha intuido que el lenguaje es su más íntima realidad humana.[6]

El Minotauro vive en otra dimensión, la dimensión lúdica y fantástica que caracteriza toda la obra de Cortázar. Una dimensión intuida que nace del silencio y del sacrificio ritual. A diferencia del poeta romántico que creyera en los poderes del poeta como individuo de ejercer un cambio real en la sociedad Cortázar cree en la necesidad de sacrificar al poeta individual para así liberar a la poesía y, a través de ésta, quizá cambiar al mundo, lo cual lo emparenta más con los surrealistas. El Minotauro herido de muerte contesta así a la pregunta del citarista: "¿Cómo olvidarte? (p. 74):

> Mírame morir y olvida. En una hora alta acudiré a tu voz y lo sabrás como la luz que ciega, cuando el músico deja en ti los números finales. Mírame callar, Nydia de pelo claro, y danza cuando te alces ya pura de recuerdo. Porque yo estaré allí. (p. 75).

6 Ibid., p. 299.

Claro que llamar a Cortázar surrealista sería traicionarlo, ya que equivaldría a clasificarlo, a erigirnos, nosotros los lectores, en un nuevo Dédalo. La poética de Cortázar se asemeja, para utilizar una comparación ya muy trillada, a la del jazz. El azar de la improvisación es la fuente de la estructura interna de la obra de Cortázar. Fuente que no responde a ninguna voluntad de sorpresa. En *Rayuela* leemos:

> Así por la escritura bajo el volcán, me acerco a las Madres, me conecto con el centro sea lo que sea. Escribir es dibujar mi mandala y a la vez recorrerlo, inventar la purificación purificándose; tarea de pobre shaman blanco con calzoncillos de nylon.[7]

El poeta es sólo el instrumento del mito. Hay otra voz, la que Mallarmé y Valéry llamaran la voz de la tribu, la voz del inconsciente colectivo que en la obra de Cortázar se manifiesta a través de los sueños de la ciudad que él mismo, en entrevistas (Alfaguara, 1978) ha dicho ser un sueño recurrente. Una ciudad cuyo plano va dibujando el autor al despertar. Una ciudad que es quizá su propio laberinto y que tiene una textura líquida y ondulante con la cual no soñaron ni Galileo ni Borges.

Al finalizar el drama, el citarista le dice al moribundo Minotauro: "¡Qué lejana tu palabra!" (p. 75), a lo cual responde el Minotauro, "Ya no mía, ya viento y abeja o el potro del alba, granada, ríos, azulado tomillo, Ariana... y un tiempo de agua libre, un tiempo donde nadie..." (p. 76). Es el retorno a Ariana, pero a una Ariana purificada, anterior a la mencionada por Teseo, una resurrección del deseo rebautizado, del ovillo renovado del lenguaje.

[7] *Ravuela,* p. 458.

BORGES... DERRIDA... SOLLERS... BORGES

Si aceptamos las premisas platónicas (enunciadas en el *Fedro*) y adoptadas por representantes de la "Nouvelle critique", según las cuales la escritura no puede sino repetirse, significar siempre lo mismo y no ser sino juego,[1] podemos, con toda libertad, saltar por encima del tema de las influencias y abordar el estudio de un texto dado utilizando para su análisis los comentarios nacidos de la lectura de otro texto. En este caso, y para el mejor entendimiento de una de las constantes de la obra de Borges, a saber el empleo de números y cifras, hemos utilizado el análisis que Jacques Derrida hace en *La Dissémination* de una obra de P. Sollers: *Nombres*. Debido a los límites de este estudio hemos seleccionado como paradigma "El milagro secreto" de Borges.

En *La Dissémination*, Derrida explora, dada la imposibilidad existencial y lingüística de apresar, o de intuir, el presente (salvo como inasible ilusión), algunos de los artificios literarios que nos ayudan a enmarcar esa ficción del tiempo. Ante el fracaso de la palabra surge el número (o la cifra), único símbolo en el que pactan significado y significante, libre de referentes exteriores, contextuales. Derrida sugiere que:

> Nous écrirons donc-simultanément-dans les angles des *Nombres,* en eux et hors d'eux, sur la pierre qui vous attend, les questions touchant se texte "ci," le statut de son rapport aux *Nombres,* ce qu'il feint d'y ajouter pour en mimer la représentation, la réprésentation et le compte rendu. Car si les *Nombres* rendent compte d'eux mêmes, ce texte-"ci"-comme tout ce qui le touche est déjà ou encore ce texte "là."[2]

---

[1] Jacques Derrida, *La Dissémination* (Paris: Seuil, 1972), p. 73.
[2] *La Dissémination,* p. 326.

"El milagro secreto" de Borges concluye de la siguiente manera:

> Inició un grito enloquecido, movió la cara, la cuádruple descarga lo derribó.
>
> Jaromir Hladik murió el veintinueve de marzo, a las nueve y dos minutos de la mañana.[3]

El desdoblamiento 2/2 y 29/92 es obvio, así como el reflejo de la imagen espejo que contribuye a crear, como en tantos otros de sus cuentos, notablemente en "La muerte y la brújula", una ilusión de simetría, de idéntica otredad, de repetición llamada a anular el tiempo: "Arguye que no es infinita la cifra de las posibles experiencias del hombre y que basta una sola 'repetición' para demostrar que el tiempo es una falacia",[4] escribe Borges en "El milagro secreto", sabiendo, sin embargo, que la misma repetición hace al texto, pero que una repetición "at infinitm" crea la ilusión de un presente perpetuo, o sea de la eternidad.

El "ángulo" formado por el número 29 y su reflejo 9(0)2 finge, pues, presentarle al lector un texto que, en realidad se presenta a sí mismo:

> Comme la contrainte de cet angle, cette accumulation sera le seul moyen, non pas de présenter, mais de feindre de présenter le texte qui, plus que tout autre, s'écrit et se lit, présente lui-même sa propre lecture, présente sa propre présentation et fait le décompte de cette opération incéssante.[5]

Todo forma parte de un mismo simulacro en el cual los números inscriben su presencia en un juego que tiende a crear la ilusión de un texto "presente" y totalizador cuando "este" texto (como diría Derrida) no es sino:

> cette écriture qui circule "ici" dans l'entre-texte et son soi-disant premier texte et son soi-disant commentaire, chimère come l'eût nommée l'auteur disparaissant de cette *Mimique* dont l'"idée" n'est certainement pas celle qu'on croit, ni son illustration: ... [6]

[3] Jorge Luis Borges: *Ficciones* (Buenos Aires: Emecé Editores, 1963), p. 167.

[4] *Ibid.*, p. 162.

[5] Jacques Derrida, p. 326.

[6] *Ibid.*, p. 327.

Como ya lo anotó Jaime Alazraki:

> El milagro, como el drama, sólo tienen realidad en la mente de
> Hladik. La irrealidad del drama es también la irrealidad del milagro:
> drama y milagro no existen en el plano histórico sino en ese mundo
> —el arte, los sueños— que opera con signos irreconocibles... [7]

Es precisamente para darle cuerpo a esta quimera por lo que Borges utiliza uno de los artificios del mimo anotados por Derrida:

> '(...) Tel opère le Mime, dont le jeu se borne à une allusion per-
> pétuelle sans briser la glasse; il installe, ainsi, un milieu pur, de fiction.'[8]

Este es el "milagro" o "suspensión" cinematográfica de la acción
en "El milagro secreto":

> El universo físico se detuvo. Las armas convergían sobre Hladik,
> pero los hombres que iban a matarlo estaban inmóviles. El brazo del
> sargento eternizaba un ademán inconcluso. En una baldosa del patio
> una abeja proyectaba una sombra fija. El viento había cesado, como
> en un cuadro.[9]

Evidentemente, la operación del mimo es diametralmente opuesta
a la del "still" cinematográfico, verso y anverso de una misma realidad, ya que en ambos casos no hay desplazamiento. El movimiento
y la secuencia temporal quedan, pues, anulados. El mimo crea una
impresión de movimiento, y el "still", la ilusión de su petrificación.
Derrida añade:

> 'La scène n'illustre que l'idée, pas une action effective, dans un
> ymen (d'où procède le Rêve), vicieux mais sacré, entre le désir et
> l'accomplissement, la pérpétration et son souvenir: içi devançant, là
> remémorant, au futur, au passé, sous une apparence fausse de présent.'[10]

En efecto, esta parálisis de la acción le permite a Hladik realizar
su sueño, terminar su obra. La cuádruple descarga romperá el espejo,

---

[7] Jaime Alazraki: *La prosa narrativa de Jorge Borges,* (Madrid: Editorial
Gredos, 1974), p. 352.
[8] Jacques Derrida, p. 327.
[9] Borges, p. 165.
[10] Derrida, p. 327.

pero lo hará, como dice Derrida, reflejando una rotura en la ficción intacta e ininterrumpida que es la del cuento en su totalidad.

Los números (las fechas y las horas) en "El milagro secreto" representan, pues, nodos, ángulos que se cierran al texto anterior de la narración para abrirse al nuevo "sueño —el sueño del "largo ajedrez"— tiene lugar el 14 de marzo de 1939, y es a partir de esta fecha que Borges elabora un sistema de convergencias y divergencias en el tiempo, multiplicadas por los "centenares de muertes" que Hladik imagina como un último recurso de eliminar las peores variantes de su inevitable muerte por medio de la imaginación, que le permite "vivir" por adelantado cada una de ellas.

El "error" que contribuye a crear la "ilusión" de la lectura y que forma parte de la estructura de *Nombres* de P. Sollers, según Derrida, aparece también en el "juego" literario de Borges y cumple una función similar a la del azar en el universo. Le permite también a Borges —como a Sollers— asegurar la horizontalidad cuadrada de la página, del "damier figurant le temps" del invisible tablero de ajedrez.[11] El "error" que Borges introduce en "El milagro secreto", es el de los dos minutos que transcurren entre la hora designada para el fusilamiento de Hladik y la cuádruple descarga que lo derriba y que en la mente de Hladik se traducen en un "dia" y un "año" (el "día" pudiendo ser parte del año). En realidad, si el tiempo se hubiera detenido para solo existir en la mente de Hladik, éste debería haber muerto a las nueve en punto. El narrador dice:

> Un año entero había solicitado de Dios para terminar su labor: un año le otorgaba su omnipotencia. Dios operaba para él un milagro secreto: lo mataría el plomo germánico en la hora determinada, pero en su mente un año transcurriría entre la orden y la ejecución de la orden.[12]

Los dos minutos también le permiten a Borges concluir simétricamente el relato y enmarcar así el triple drama de Hladik, autor de un drama circular al final del cual las manecillas del reloj siguen señalando las siete como al comienzo del mismo, y soñador de un drama, el del "largo ajedrez", que es la tragedia de su raza perse-

11 Jacques Derrida, p. 330.
12 Borges, p. 166.

guida y que eventualmente desemboca en su drama personal. Este
último necesita de ese "error" de dos minutos para parecer más
humano y, paradójicamente, más real, sin dejar por ello de ser una
"ficción".

El "error" al introducir el azar en el cuento también introduce
la teatralidad, o sea la ilusión, el arte, al mismo tiempo que el lector
puede "imaginar" un "año" reducido a dos minutos cuando difícil-
mente podría intuir un año, aún mental, que discurriera de las 9 a.m.
a las 9 a.m.

ENAJENACIÓN Y REVOLUCIÓN EN
TODOS LOS GATOS SON PARDOS,
DE CARLOS FUENTES

En sus novelas más importantes, Carlos Fuentes ha explorado el problema de la enajenación, tanto a nivel individual como a nivel nacional y universal. En su obra, este tema está íntimamente ligado al de revolución en la acepción original de la palabra: la de retorno cíclico al punto de partida. Hay, sin embargo, en la visión literaria de Fuentes, un elemento que la separa del concepto griego y nietzscheano del eterno retorno, emparentándola con la visión cíclica de los aztecas, traducida arquitectónicamente por la superposición de pirámides e iconográficamente por la serpiente emplumada: Quetzalcóatl. En *Cambio de piel,* Fuentes describe de la siguiente manera un friso de Quetzalcóatl en Xochicalco:

> Te detuviste con las manos sobre ese chorro líquido de plumas: el friso de Xochicalco es una sola serpiente, un círculo de serpientes, sin principio ni fin, una serpiente con plumas, una serpiente en vuelo, con varias cabezas y varias fauces... talud que es una sola e interminable serpiente trenzada sobre sí misma, en sus metamorfosis y prolongaciones —todas provocadas por la presencia de los hombres, las bestias, las aves y los árboles, que parecen despertar el apetito de la lengua bífida—. Todo a lo largo del friso está contenido dentro de las contracciones de piedra de la serpiente emplumada. Los dignatarios sentados en sus meandros, con los duros collares sobre el pecho y los penachos de estela dura en las cabezas. Las ceibas truncas. Los glifos de la palabra humana. Los jaguares y los conejos. Las águilas de granito carcomido.[1]

---

[1] Carlos Fuentes, *Cambio de piel* (México: Joaquín Mortiz, 1967, p. 38.

La serpiente mexicana difiere de la serpiente griega en que aquélla no se muerde la cola, sino que no tiene fin. Representa al infinito no ya como un círculo, sino como una espiral, la cual, al permanecer abierta, deja entrever una posibilidad de cambio. Por otra parte, las representaciones iconográficas de Quetzalcóatl traducen el odio al vacío, característico a un mismo tiempo del arte precolombino de la meseta central mexicana y del arte barroco de la Contrarreforma, así como el cílico remoldeamiento del objeto fálico freudiano.

El conflicto central de *Todos los gatos son pardos* nace, como veremos, de una serie de contradicciones que, antes de Fuentes, fueron también el núcleo que impulsó a los autores de la Contrarreforma a tratar de resolverlas mediante el empleo de la paradoja. Ya sor Juana escribía:

> De mí misma soy verdugo
> y soy cárcel de mí misma.
> ¿Quién vio que pena y penante
> una misma cosa sean?[2]

En su prólogo a *Todos los gatos son pardos* Fuentes nos dice que su pieza de teatro nació de un comentario que le hiciera Arthur Miller sobre el hecho de que "México era el encuentro dramático de un hombre que lo tenía todo —Moctezuma— y de un hombre que nada tenía —Cortés—".[3]

Pasaremos aquí por alto el hecho, muy significativo de que, según las leyes del materialismo dialéctico, Cortés lo tenía todo y Moctezuma nada, ya que lo que nos interesa es el desarrollo de ésta y otras antítesis en *Todos los gatos son pardos*. Desde el punto de vista histórico, la pieza de Fuentes contiene una obvia enajenación. El diccionario define esta palabra como "pasar a otro el dominio de una cosa", y sabemos que Moctezuma le pasó a Cortés el dominio de lo que se convertiría en la Nueva España y que éste a su vez tuvo que pasárselo a la Corona. Esa primera enajenación contribuyó a otra, más

---

[2] Sor Juana Inés de la Cruz, "Romance al mismo intento", *Obras completas* (México: Editorial Porrúa, 1975), p. 77.

[3] Carlos Fuentes, *Todos los gatos son pardos* (México: Siglo Veintiuno, 1970), p. 5. Todas las citas de esta obra de teatro son de la misma edición. Citaremos el número de la página en el texto del ensayo (F....).

profunda e importante, que nos atañe a todos los mexicanos y que se traduce, como lo ha dicho Octavio Paz, en el uso de la máscara y el subterfugio, emparentados con el conceptismo y el culteranismo de la Contrarreforma.

En el prólogo a la obra de teatro que nos ocupa, Fuentes escribe:

> Sólo decimos la verdad en secreto. Y aún cuando hablamos en voz baja: dulce dejo indígena, dicen algunos; voz de esclavo, digo yo, voz del hombre sometido que debió aprender la lengua de los amos y dirigirse a ellos con elaborado respeto, rezo y confesión, circunloquios, abundantes diminutivos y, cuando el señor dá la espalda, con el cuchillo del albur y el alarido de a mentada. (F., p. 5).

El primer personaje de la obra en interrogarse sobre su propia identidad es Malinche:

> Maintzin, Malintzin... Marina, Marina, Marina... Malinche, Malinche, Malinche... ¡Ay!, ¿adónde iré? Acaso la única casa de todos sea la casa de los que ya no tienen cuerpo, la casa de los muertos en el interior del cielo... Tres fueron tus nombres, mujer: el que te dieron tus padres, el que te dio tu amante y el que te dio tu pueblo... Malintzin, dijeron tus padres, hechicera, diosa de la mala suerte y de la reyerta de sangre... Marina, dijo tu hombre, recordando el océano por donde vino hasta estas tierras... Malinche, dijo tu pueblo, traidora, lengua y guía del hombre blanco. (F., p. 13).

La Malinche es lo que Fuentes llama "un puente". El puente de la lengua, de la palabra. Un puente entre las dos orillas: la de la fatalidad azteca y la de la voluntad hispana, pero también un frágil puente entre el consciente y el inconsciente, una efímera posibilidad de síntesis espiritual que la historia y el drama de Fuentes convertirán en una irónica, trágica y canibalística repetición de los hechos. representados en escena, la Malinche es también el único personaje que tiene consciencia de su paradójico papel histórico y mítico y que lo acepta. Marina se sitúa más allá del maniqueísmo expresado por el pastor y el mercader en la segunda escena y por los augures Quetzalcóatl y Tezcatlipoca, representantes, respectivamente, del reino de la luz y del de las tinieblas en la tercera. La Malinche es la única que no acepta esta dicotomía, este claroscuro adolescente que es el telón de fondo del encuentro de dos mundos: el azteca y el español de la

Contrarreforma. Ella es quien, en vez de decir esto o aquello, en vez de asimilar los zopilotes muertos al infierno y los pavos reales al paraíso de Quetzalcóatl, nos pide que aceptemos, al final de la obra, y en medio de la matanza de Tlatelolco de 1968, la aparición de Quetzalcóatl, seguida de una lluvia de zopilotes muertos. La Malinche simboliza, pues, lo que Octavio Paz llama la unión de los contrarios.

En el "Prólogo del autor", mencionado anteriormente, éste, después de citar la anécdota de Arthur Miller, prosigue así:

> Más tarde, leyendo los escritos de Jacques Lacan, encontré esta frase: "El inconsciente es el discurso del otro". En cierto modo, de estas dos sugerencias nació *Todos los gatos son pardos*. (F., p. 5).

El inconsciente es, pues, el discurso a través del cual se manifiesta la enajenación, que es vista por Lacan como una presencia que debe buscarse en todo discurso y en su enunciación, y una garantía de que los enunciados a través de los cuales se manifiesta "preservan en sí mismos la perspectiva de la enunciación en donde cobran actualidad los efectos de la metáfora y de la metonimia".[4] Según Lacan, el individuo deja de ser el sujeto que habla para convertirse en mediador de la palabra (en el sentido saussuriano del vocablo), en intermediario del "otro". El individuo necesita, sin embargo, de un interlocutor, así fuera de sí mismo, que se convierta en significante y que a su vez trate de elicitar del inconsciente un segundo significante. Es a través de esta escisión, de esta apertura, de este retorno al momento del parto cuando el "sujeto traduce una sincronía significante en esta pulsación primordial que es el "fading" constituyente de su identificación. Es el primer movimiento".[5]

En la obra de teatro de Fuentes, la Malinche, en el momento del alumbramiento, es *langage* y *parole*, es "cadena y trama de lo que

---

[4] Jacques Lacan, *Ecrits II* (Paris: Seuil, 1971. "Position de l'inconscient"), p. 199. La traducción es mía. El original dice: "..., préservent en eux ce recul de l'énonciation ou s'actualisent les effets de la métaphore et de la métonymie..."

[5] *Ibid.*, p. 200: "...le sujet traduit une synchronie signifiante en cette primordiale pulsation temporelle qui est le fading constituant de son identification. C'est le premier mouvement."

Texturas

se teje entre sincronía y diacronía".[6] Dirigiéndose al futuro primer mexicano, lo hostiga diciendo:

> ...sal a tu tierra, hijo de la madrugada, sal lleno de rencor y miedo, sal lleno de burla y engaño y falsa sumisión... Sal, mi hijo, sal a odiar a tu padre y a insultar a tu madre... (F., p. 174).

Durante el segundo movimiento, que forma parte de la dialéctica de la busca de la identidad, el sujeto encierra al fantasma del "otro" y lo reprime, no queriendo reconocer en él un deseo de identidad que emana de "lo otro".

La Malinche expresa esta resistencia psicológica al instar a su vástago por nacer:

> ...; embárrate bien de tierra el cuerpo, hijo mío, hasta que la tierra sea tu máscara y los señores no puedan distinguir, detrás de ella, ni tus sueños, ni tu amor, ni tu rebelión, ni tu muerte... (F., p. 175).

Lacan compara el inconsciente con la caverna de Platón y añade que la única forma de lograr que la puerta de ésta se entreabra es llamando desde el interior de la cueva, y es precisamente lo que la Malinche, voz del inconsciente colectivo mexicano, hace cuando exclama:

> Algún día, hijo mío, tu espera será recompensada y el dios del bien y de la felicidad reaparecerá detrás de una iglesia o de una pirámide en el espejismo de la vasta meseta mexicana; pero sólo reaparecerá si desde ahora te preparas para reencarnarlo tú, tú mismo, mi hijo de la chingada; tú deberás ser la serpiente emplumada, la tierra con alas, el ave de barro, el cabrón y encabronado hijo de México y España: tú eres mi única herencia, la herencia de Malintzin, la diosa; de Marina, la puta de Malinche, la madre... (F., p. 175).

La Malinche también representa aquí lo que Lacan llama un *bord*, una orilla, una apertura sostenida por el deseo, y que sin éste podría recaer en la resistencia, en la hermeticidad de la máscara como defensa.

---

6 *Ibid.*, p. 200: "...elle fournit chaine et trame à ce qui se tisse entre synchronie et diachronie."

El inconsciente en la obra de Fuentes es la desgarradura, de la que tanto ha hablado Paz, entre la razón y "lo otro". De acuerdo con Lacan, la enajenación es la responsabilidad del sujeto, que en nuestro caso sería el primer mexicano, y la única relación que pueda concebir a la enajenación es la del significante (y sabemos que la Malinche es la "langue").

Según Lacan, ningún, individuo puede ser causa de sí mismo. En la obra teatral de Fuentes, ambos, Moctezuma y Cortés, son víctimas de sus respectivos imperios y del inconsciente colectivo de éstos, simbolizado por la fatalidad en el caso azteca y por la voluntad en el hispano. La enajenación surge entonces de la división que brota entre el sujeto y su causalidad, y que lo obliga a elegir, o sea, a eliminar uno de los dos términos aparentemente antagónicos. Es así como Moctezuma exclama:

> Porque yo sí conozco la verdad de nuestro origen humano y conozco también las prácticas que la niegan a fin de mantener el poder que fui elegido para representar visiblemente. Porque yo sí conozco tanto la legitimación moral como la práctica aberrante. ¡Qué imposibilidad! ¡Servir a dos dioses antagónicos! ¿Huitzilopochtli? ¿Quetzalcóatl? ¡Ojalá se fundiesen en uno solo! (F., p. 36).

Y el mismo Cortés, como símbolo de la acción, debe servir a dios y al demonio.

Durante la antítesis dialéctica hacia la eventual liberación y concienciación del individuo se produce, según Freud y Lacan, un remoldeamiento del objeto fálico. En *Todos los gatos son pardos,* el falo de oro de Quetzalcóatl le es arrancado por Tezcatlipoca, que se lo devuelve eventualmente convertido en falo-espejo e instrumento del acoplamiento de Quetzalcóatl con su hermana.

Este proceso empezará a darle forma al sujeto, al eventual individuo, a partir de una "falta" *(manque)* que éste produce en lo "otro". Es el comienzo de la verdadera separación de *se parere,* verbo reflexivo que significa parirse a sí mismo(a) y emparentado con *pars* (parte).

De allí en adelante no sólo deja el individuo de formar parte del todo, sino que procederá a atacarlo en el punto más vulnerable de la cadena: el de la repetición cíclica, vehículo, según Lacan, del deseo del "otro", aun cuando este deseo sea el producto de un vacío creado en el "otro" por la separación del individuo. Eventualmente éste habrá de vislumbrar su propia integración por medio de la unión de sus dos mitades escindidas, y esta integración sólo podrá lograrse en el amor.

Fuentes, por su parte, escribe:

> Por la puerta falsa de la epopeya se cuela el autor, con la esperanza de penetrar al corazón del castillo e instalar en él, en vez de la gesta, el ritual. Y el ritual, tanto teatral como antropológicamente, significa la desintegración de una vieja personalidad y su reintegración en un nuevo ser (F., p. 9).

Y este deseo de Fuentes nos recuerda lo que escribiera otro enamorado de la mitología mexicana, Antonin Artaud, en *Le Theâtre et son double:*

> Tenemos sobre todo necesidad de vivir y de creer en aquello que nos hace vivir y en que algo nos hace vivir, y lo que sale del misterioso interior de nosotros mismos no debe regresar perpetuamente sobre nosotros mismos dentro de una preocupación vulgarmente digestiva.[7]

Fuentes se opone al mismo tipo de canibalismo al que se opone Artaud, pues lo que desea es una verdadera revolución, un cambio genuino y no una repetición de los hechos bajo rúbricas y máscaras distintas. Quiere romper con lo que le hace decir a Moctezuma:

> Tienen que ser dioses... Tienen que ser dioses... *(pausa)* Moctezuma no puede rebajarse ante un plebeyo, ni honrándolo, ni temiéndolo, ni combatiéndolo... *(pausa)*.
> Cortés tiene que ser dios; yo necesito que sea dios para que el drama previsto se cumpla. Estaba escrito, estaba escrito... (F., p. 126).

Y más adelante:

> Dudé, dudé, dudé, y al dudar, sin saberlo, no dejé de ser. La duda fue mi acción y mi existencia. (F., p. 167).

[7] Antonin Artaud, *Le thátre et son double* (Paris: Gallimard, 1964), p. 10. La traducción es mía. El original dice: "Nous avons surtout besoin de vivre et de croire à ce qui nous fait vivre, et ce qui sort du dedans mysterieux de nous mêmes, ne doit pas perpétuellement revenir sur nous mêmes dans un souci grossièrement digestif."

En la obra de Fuentes existe un círculo inferior que paraliza a Moctezuma y anega a Cortés en la acción descabellada. El uno es el complemento del otro. Moctezuma representa el principio pasivo, femenino; Cortés, el activo masculino y la encargada de lograr el pacto de las dos mitades enemigas será la Malinche. "Tú, mi hijo, serás mi triunfo: el triunfo de la mujer..." (p. 176). Y poco antes, casi por dar a luz, se rebela en contra del coro de augures gritando:

> No, no, no más nombres; no más nombres, ahora sólo hombres, hombres, hombres reales, malos, buenos, hombres de luz, hombres de sombra, crueles y tiernos, vengativos y generosos: no más héroes, no más héroes, no más tiranos, no más Cortés, no más Moctezuma, no más destinos singulares, sólo el destino común que yo estoy pariendo... (F., p. 176).

Y un poco más adelante, en réplica a Cihuacóatl, ciego y cubierto de viruela y pidiendo una limosna por el amor de dios, exclama:

> No creas más en los dioses, imbécil. ¡Obliga a los ioses a creer en tí! ¡Desenmascara a los dioses, imbécil, y detrás de cada máscara encontrarás el rostro de un opresor! No le pidas más el cielo a los dioses; ¡exígele la tierra a los opresores! ¡Ciegos: miren los rostros prohibidos! ¡Soñadores: tomen sus pesadillas por realidades! ¡Amantes: odien lo que deberán amar! ¡Rebeldes: destruyan lo que deberán construir! ¡Ladrones: roben lo que les fue robado! Mexicanos... *(Se detiene, sorprendida por la novedad de la palabra.) Mexicanos...* somos ruinas, y de ellas renazcamos. (F., pp. 177-178).

La misma Malinche es redimida aquí por Fuentes en un futuro hipotético que implica una anterior integración de la mitad indígena y la mitad hispana del mexicano. "Volveré a ser diosa: la puta será pura; los hijos de la puta purificada serán hombres" (F., p. 176), concluye.

En *Posdata,* secuela a años de distancia de *El laberinto de la soledad,* Octavio Paz nos dice ver en el presidente de la República a un heredero directo de los tlatoanis aztecas, o sea, de Moctezuma. Fuentes establece igualmente numerosos paralelismos entre los eventos de la conquista y la historia del México contemporáneo, sobre todo entre las dos matanzas de Tlatelolco, la de 1519 y la de 1968. A través del coro de los augures se refiere a Moctezuma como "Rey de

México... esclavo de los tiranos... Rey sin rostro, tlatoani enmas-
cardo" (p. 167). La referencia al "tapado" o futuro candidato presidencial nos parece bastante obvia. Además, al final de la obra Moctezuma aparece en escena vestido de presidente de la República, con
la banda tricolor cruzada sobre el pecho, mientras Cortés aparece
vestido de general norteamericano y acompañado de un infante de
Marina estadounidense.

Ya, en escenas anteriores, Tzompantecuhtli se había enfrentado a
Moctezuma utilizando palabras que bien podrían haber sido aplicables a Gustavo Díaz Ordaz, responsable de la más reciente matanza
de Tlatelolco:

> Has empequeñecido a la muerte, señor. Has hecho a la muerte
> ridícula, miserable, vulgar, presente en todos los actos vacíos de tu
> laberinto ritual. Invocas a los dioses, sí; pero sólo para legitimar tu
> única obligación real, que no es ni con los hombres ni con los dioses,
> sino con la casta de sacerdotes y guerreros que te pusieron en el trono
> precisamente porque vieron en ti al hombre dócil capaz de proteger sus
> privilegios. Te han dado todos los atributos del poder, sólo que ese
> poder no es tuyo: se lo debes a tu casta. (F., p. 53).

Los miembros de la "casta" de Moctezuma aparecen en la última
escena como diputados gordos, veteranos de la Revolución, militares
mexicanos, pistoleros, y como el arzobispo de México.

En su única otra pieza de teatro hasta la fecha, *El tuerto es rey,*[8]
Fuentes analiza también el tema del eterno retorno y le hace decir
a uno de sus personajes, Donata: "¿Sabe lo que es el infierno? Una
eterna repetición sin esperanza". Sin embargo, y como dijimos al principio de este estudio, nos parece que *Todos los gatos son pardos,* a
pesar del esperpentismo de la última escena, ofrece una genuina esperanza de resurrección, de resurrección sin Cristo ni Quetzalcóatl-
Godot, de resurrección-integración mediante la cual el mexicano pueda recobrar su rostro, su nombre y su tierra.

Para Fuentes, como para Paz, la libertad sólo será recuperable a
través de la palabra, pues la palabra, en México, así como en cualquier país donde exista la censura, ha sido secuestrada. Fuentes nos
dice:

---

[8] Carlos Fuentes, *Los reinos imaginarios: Todos los gatos son pardos* y
El tuerto es rey (Barcelona: Barral Editores, 1971), p. 232.

Pero vista de otra manera, la literatura mexicana, desde la *Historia verdadera de la conquista de la Nueva España* hasta *Obsesivos días circulares* y de fray Bernardino de Sahagún a fray José Emilio Pacheco, es un solo y vasto intento de recuperar la memoria recuperando la palabra. Porque en México la palabra pública, también desde las *Cartas de relación de* Cortés hasta el penúltimo informe presidencial, ha vivido secuestrada por el poder, y el poder en México es una operación de amnesia. (F., p. 5).

Sin la unión de los contrarios, del *animus* y *del anima* junguianos, pero también de las clases sociales antagónicas y de las razas, no habrá ni cambio ni libertad posibles. Una vez más Fuentes traduce la síntesis de su dialéctica por boca de la Malinche cuando ésta dice:

Destino en y de la muerte, el sueño, la rebelión y el amor... : muerte, sueño, rebelión y amor, no en cualquier orden, sino precisamente en ese, que indica los grados crecientes de la dificultad, de la carga y de la realización plena. Lo más fácil, entre nosotros, será morir; un poco menos fácil, rebelarse; dificilísimo, amar. (F., p. 6).

Etapas que, a su vez, traducen la dialéctica freudiana y lacaniana de la lucha del individuo por conquistar su original enajenación. Enajenación que, en el caso del mexicano, se duplica con el trauma de la conquista y con el drama de una España que, como escribe Fuentes, al cerrarse a la Reforma y al resto de Europa, nos encierra, convirtiéndonos en seres dependientes de naciones más industrializadas y tecnológicamente avanzadas que la nuestra.

Todos los gatos son pardos es, a la vez, una pieza de teatro histórico con implicaciones sociopolíticas y un drama psicoanalítico cuyo tema central es el de la enajenación y que, descartada la escena final, forma parte de un repertorio universal; pero es también una tentativa por encontrar una solución mexicana a los problemas mexicanos más allá del personalismo, del caudillismo y del compadrazgo. La pieza está precedida por una cita de *Galileo Galilei* de Bertolt Brecht:

ANDREA: ¡Desventurado el país que no tiene héroes!
GALILEO: No. Desventurado el país que necesita tener héroes.
(F., p. 4).

En ese utópico país que no necesita de héroes todos somos iguales, todos los gatos son pardos.

JESUSA PALANCARES Y LA DIALÉCTICA
DE LA EMANCIPACIÓN FEMENINA

Jesusa Palancares, la protagonista de la novela de Elena Poniatowska, *Hasta no verte Jesús mío*,[1] ya forma parte de un núcleo, reducido pero importante, de personajes femeninos dentro de la literatura mexicana contemporánea cuyo común denominador es el de ser mujeres que no se "dejaron".[2] Es decir que no se dejaron dominar por nuestra sociedad patriarcal, aún cuando hayan sido víctimas de una sociedad clasista.

Entre sus antecesoras, mencionaremos a Micaela y María en *Al filo del agua*, de Agustín Yáñez, y a Susana San Juan en *Pedro Páramo*, de Juan Rulfo, Jesusa, como estas otras, es un personaje que crece, se desarrolla y cobra cuerpo a través de la novela, permitiéndole al lector comprender la evolución de su rebeldía. En contraposición a ello, un personaje como el de La Pintada en *Los de abajo* es un estereotipo plasmado que responde a la idea que se tiene en México de la mujer activa. Estereotipo negativo como lo admite Octavio Paz:

> Es curioso advertir que la imagen de la "mala mujer' casi siempre se presenta acompañada de la idea de actividad. A la inversa de la 'abnegada madre', de la 'novia que espera' y del ídolo hermético, seres estáticos, la 'mala' va y viene, busca a los hombres, los abandona.[3]

---

[1] Elena Poniatowska, *Hasta no verte Jesús mío*, México Era, 1969. Las citas de este libro aparecerán en el texto con el número de la página entre paréntesis.

[2] Elena Poniatowska, "Hasta no verte Jesús mío", *Vuelta*, No. 24, noviembre de 1978, pp. 5-11.

[3] Octavio Paz, *El laberinto de la soledad*, México, Fondo de Cultura Económica, 1973, p. 35.

En *Al filo de agua,* Micaela y María son símbolos de cambio, de revolución, de renovación, y el rasgo que las une es expresado por Damián: "—Usted es igual a Micaela. Son la misma mujer. La mujer que nadie podrá dominar."[4] La *vox populi,* voz patriarcal, la condenará:

—¡ Perdida!

—Dicen que anduvo diciendo que cómo no era hombre para poner remedio a las injusticias.

—¡ Pretextos de perdida![5]

Susana San Juan, por su parte, tiene rasgos de la hetaira junguiana, de la "puella aeterna"; huye de su condición a través del recuerdo, de la imaginación, de la locura, pero jamás se entrega a Pedro Páramo.

No aceptar la dominación y la dependencia es el primer movimiento hacia la libertad, cualesquiera que sean los medios que se utilicen para ello. Mi propósito en esta breve nota es analizar los rasgos fundamentales del carácter de Jesusa Palancares para determinar hasta qué punto responden a los arquetipos patriarcales de Freud y, sobre todo, de Jung, quien dedicó más tiempo al estudio de lo "femenino" que Freud. Al situarse en el campo de los freudianos "revisionistas", Jung traduce precisamente los estereotipos sexistas o sea clasistas, de la burguesía intelectual. Trato aquí de investigar si es posible "encajonar" a un personaje como Jesusa en el marco de modelos femeninos patriarcales. La teoría del determinismo cultural de lo "femenino" debe incorporar las teorías psicoanalíticas más trilladas ya que éstas reposan en las fundaciones mismas de toda cultura patriarcal.

A primera vista, el "tipo madre" junguiano, dominado por la "gran madre" y perteneciente al extremo del polo estático de lo "femenino", no parecería corresponder a la personalidad de Jesusa. Ésta se refiere a su propia esterilidad diciendo que salió como las mulas y asegura no gustarle los niños a pesar de haber criado a muchos durante su larga vida. Sin embargo, Jesusa no busca realizarse a través de los niños que contribuyó a criar ni su estoicismo torna nunca

---

[4] Agustín Yáñez, *Al filo del agua,* México, Editorial Porrúa, 1965, p. 366.
[5] *Ibid.,* p. 383.

a convertirse en masoquismo, rasgos negativos del "tipo madre" junguiano.

El "tipo hetaira" estaría diametralmente opuesto al "tipo madre". Está dominado por el arquetipo del "gran padre" y controla el polo "dinámico" de lo "femenino". La estructura psíquica de la hetaira produce un tipo de personalidad que Jung califica de "puella aeterna" y que se identifica con el "ánima" del padre. La importancia del padre de Jesusa como modelo de desarrollo es significativo a lo largo de toda la novela, mas es de notarse que su madre murió siendo ella muy niña. Al morir aquélla, Jesusa rechaza enérgicamente a todas las substitutas que su padre trae a casa con la excepción de su madrastra, hacia quien, y a pesar de los malos tratos que ésta le da, Jesusa siente cierto agradecimiento por haberle enseñado a desempeñar las tareas domésticas que le permitirán sobrevivir más adelante. La identificación de Jesusa con su padre se traduce en gustos y actitudes: "Yo era muy hombrada y siempre me gustó jugar a la guerra, a las pedradas, a la rayuela, al trompo, a las canicas, a la lucha, a las patadas, a puras cosas de hombre, pero matar lagartijas a piedrazos, puro reventar iguanas contra las rocas" (p. 20). La vida trashumante que ambos llevan aún antes de estallar la Revolución, predispone a la joven Jesusa a la soledad, a la independencia y a una impulsiva pasión por la libertad: "Como desde chiquilla no me hallé sino con la libertad, todo mi gusto era andar sola por el campo o arriba de un cerro" (p. 28). La identificación de Jesusa con su padre y, por extensión, con el ideal masculino de su cultura, clase social y circunstancia histórica, se traduce en una desvalorización de las diferencias biológicas entre hombre y mujer. Al hablarnos de su pubertad y de la menstruación, Jesusa dice: "A mí no me dijeron nada de ponerme trapitos ni nada. Me bañaba dos o tres veces al día y así toda la vida (. . .) Pero nunca sufrí, ni pensé, ni me dolió nunca ni a nadie le dije nada" (p. 49). El hermetismo de Jesusa en lo tocante a su cuerpo, su actividad sexual y sus sentimientos no se convierte nunca, sin embargo, en silencio sumiso. Su matrimonio con Pedro Aguilar surge como solución al menor de dos males. Al verse abandonada por su padre una segunda vez debido a su insumisión, Jesusa decide regresar a su tierra, Tehuantepec, pero al enterarse el capitán de la embarcación de que se trata de una doncella, se niega a hacerse

responsable de ella. El general que había tratado de arreglar el viaje
de Jesusa concluye: "No, pues de entregársela a la tripulación del
barco a entregársela a un hombre, se la entrego a uno nomás" (p.
83). Jesusa tiene quince años y su esposo diecisiete. El joven educado
y atento que la cortejara durante meses sin ser correspondido por ésta,
se transforma de inmediato en un tirano que la golpea, la engaña con
otras mujeres y la mantiene prisionera dentro de su propia casa bajo
el pretexto de que ése es el castigo que se merece por haberlo des-
preciado durante meses. El mismo acto sexual, el único que Jesusa
menciona en toda la novela, no pasa de ser un ejercicio puramente
mecánico. Según Jesusa, su marido la "ocupaba" únicamente en
campaña cuando no tenía otras mujeres. Aquella resiente la pérdida
de su libertad: "Andaba yo con él tras de su caballo, para arriba y
para abajo. Dijo Pedro que cuando él la viera perdida, primero me
mataba a mí, y desde entonces ya no me soltó y nunca me volví a
sentir libre" (p. 91). El marido reemplaza en lo inmediato a la
figura del padre, y, así como se había rebelado contra los abusos de
éste, llega el día en que Jesusa decide no volverse a dejar golpear
por su marido:

> Ese día que agarro la pistola. Traía yo un blusón largo con dos
> bolsas y en las bolsas me eché las balas y la pistola. '¡Qué jabón ni
> qué nada, de una vez que me mate o lo mato yo!' Estaba decidida.
> Yo lo iba siguiendo. Llegamos a un lugar retirado de la estación y
> entonces me dice él:
> —Aquí se me hace bueno tal por cual. Aquí te voy a matar o ves
> para qué naciste...
> —¿Sí? Nos matamos porque somos dos. No nomás yo voy a morir.
> Saque lo suyo que yo traigo lo mío (p. 99).

A partir de ese momento Pedro ya no la golpeará y Jesusa se
convertirá en su compañera y protectora, invirtiendo los papeles tradicionales. Al morir aquél es ella quien se hace cargo de la retirada
de las tropas bajo el mando de Pedro Aguilar. La muerte de éste la
libera de toda dependencia económica del hombre. Continuará, claro, siendo víctima de las clases dominantes, del sistema social, pero
no de un padre, marido, hermano o hijo.

Por otra parte, la adopción del modelo masculino tradicional le
permite a Jesusa sobrevivir en un mundo creado a imagen y semejanza del hombre:

..., me gusta más ser hombre que mujer. Para todas las mujeres sería mejor ser hombre, seguro, porque es más divertido, es uno más libre y nadie se burla de uno. En cambio como mujer a ninguna edad la pueden respetar, porque si es muchacha se la vacilan y si es vieja la chotean, sirve de risión porque ya no sopla. En cambio el hombre vestido de hombre va y viene y como es hombre ni quien le pare el alto (p. 186).

Jesusa Palancares no parece adolecer de los rasgos negativos del "tipo hetaira" junguiano, que la habrían convertido en seductora y destructora de hombres, en una suerte de Circe. Las artimañas utilizadas por ciertas mujeres para atraer y mantener el interés del hombre le parecen humillantes, pero podrían atribuírsele otras idiosincrasias que pertenecen a ese tipo de "lo femenino". Los seres humanos que se cruzan durante su vida son descritos como individuos. Tienen nombre y apellido, rasgos y personalidades que los destacan sobre el fondo amorfo de las facciones políticas y las colectividades anónimas a las que desprecia —así se trate de la iglesia, curas y monjas, de los revolucionarios o de los sindicatos—. Eventualmente, su desprecio por las organizaciones incluirá a la logia espiritualista a la que perteneciera durante años.

También podemos encontrar rasgos de la personalidad de Jesusa que la emparentan con el tipo "amazona" de Jung, notablemente su relación de camarada con los hombres. Subraya repetidas veces la amistad y camaradería que la une a sus compañeros de parranda durante sus años de bailes y cantinas, a los soldados revolucionarios junto a quienes peleara y sus colegas de las varias fábricas en donde trabajara. También podríamos reconocer en ella elementos pertenecientes al tipo "mediatriz", "medium" del inconsciente colectivo de su pueblo. El relato del sueño de Jesusa con el cual se inicia la novela podría ejemplificar sus dones positivos y negativos como mediadora del inconsciente colectivo de México. En él encontramos elementos europeos, religiosos y profanos, lúdicos y mágicos. Pierrot y Colombina, el príncipe oriental Luz de Oriente, Jesusa convertida en virgen-reina-novia y reflejada en los espejos de un salón de belleza. Jesusa se sueña como el arquetipo del ideal femenino de las culturas patriarcales europeas. El espejo, de acuerdo con Lacan,[6] y con el mismo

---

[6] Jacques Lacan, *Ecrits I,* Paris, Seuil, 1966, pp. 89-97.

Paz,[7] es un elemento importante en la constitución del ego, del individuo. Jesusa proyecta valores que forman parte de la "persona" de las mujeres de las clases privilegiada de México. Apoderarse de esa "persona" sería tener una verdadera identidad para la mentalidad mediatizada y colonizada del pueblo.

El personaje de Jesusa Palancares presenta, pues, rasgos que la emparentan con todos y cada uno de los tipos femeninos junguianos. En cierta forma rebasa cualquier tipología. Es, obviamente, un producto de su cultura, de su tiempo y de su clase, pero también es mucho más. En la terminología de Althusser, la resistencia es el primer paso hacia la revolución, hacia el cambio, y Jesusa tiene el valor de dar ese primer paso. Louis Althusser escribe que: "Lejos de rebelarse simplemente contra "injusticias", el proletariado no hizo, en un principio, más que resistir a la lucha de clases burguesa, antes de organizarse, de desarrollar su conciencia."[8] Jesusa resiste. Sin este primer movimiento indispensable dentro de la dialéctica de la liberación femenina, no habría emancipación posible ya que se perpetuaría la relación sadomasoquista entre víctima y victimario. Jesusa Palancares, pobre y analfabeta se integra así al grupo de personajes feministas de la literatura mexicana y se convierte en símbolo de las miles de otras Jesusas anónimas de México: Criadas, soldaderas, obreras y campesinas que tampoco se "dejaron", a pesar de haber formado parte, en las palabras de Flora Tristán, del proletariado del proletariado.[9]

[7] Octavio Paz, p. 48.

[8] Louis Althusser, *Positions,* Paris, Editions sociales, 1976, p. 66. Mi trad.

[9] Charles Sowerwine, *Les Femmes et le socialisme,* Presses de la Fondation Nationale des Sciences Politiques, 1978, p. XI: "La femme est la prolétaire du prolétaire".

IDENTIDAD CULTURAL EN CRÓNICA DE UNA MUERTE ANUNCIADA DE G. G. MÁRQUEZ

En esta época de crítica post-estructuralista y "New New Criticism", sin olvidar la crítica marxista y psicoanalítica, que siguen siendo, a mi parecer, enteramente vigentes, una cosa parece poder darse por cierta, aceptable y aceptada, a saber que las ideas temáticas de una obra literaria derivan de su contexto cultural y que este contexto constituye el ámbito existencial de su autor y está ligado al de su intérprete o lector.

Esto parecería una perogrullada si no se hubiese derramado tanta tinta tratando de aislar no solamente el texto de su contexto cultural, sino la teoría de la práxis y lo comunal de lo individual. De todo esto creo que somos nosotros los críticos los culpables. Los novelistas, cuentistas, poetas y dramaturgos se desplazan en el plano de lo pragmático, es decir del acto de escribir, y el producto de este acto encierra muchas de las contradicciones lógicas inherentes a nuestra identidad cultural, la cual, sobra decirlo, es polimórfica.

De allí la importancia, como lo ha notado repetidas veces Octavio Paz, notablemente en *Corriente alterna*,[1] de desarrollar un aparato crítico latinoamericano, ya que "todo acto de composición e interpretación participa en el desarrollo temático de una tradición cultural y su entendimiento eventual requiere la comprensión de la dinámica de su desarrollo."[2]

[1] Octavio Paz: *Corriente alterna*, Siglo Veintiuno Editores, México, 1967, pp. 39-43.
[2] T. K. Seung: *Semiotics and Thematics in Hermeneutics*, Columbia University Press, 1982, p. 193 (mi traducción).

Hablar de la identidad cultural de Iberoamérica en su literatura es hablar, ante todo, de enajenación, y de una enajenación que posee una doble articulación: La enajenación ontológica de todo escritor, que ha sido magistralmente descrita por Mario Vargas Llosa en *Historia de un deicidio*,[3] y de otra enajenación de orden histórico que sitúa a nuestros países en la órbita de aquellos que son económicamente dependientes. Nuestra identidad cultural tendría pues que definirse a partir de una marginación, de una falta de identidad, de ser, es decir a partir de una dialéctica del deseo de llegar a ser.

Josefina Ludmer ha analizado en *Cien años de soledad: Una interpretación*[4] cómo, en el caso de esta novela de García Márquez, la dinámica del deseo utiliza siempre a un personaje externo al clan de los Buendía como conección entre personajes antitéticos dentro del clan:

> (. . .) hay, tanto en el plano femenino como en el masculino, una figura de afuera de los Buendía que ENLAZA a los opuestos, a través de la común relación que tiene con ellos: en el caso de los hombres Pilar, que inicia primero a José Arcadio y luego a Aureliano, y después a Amaranta (las inicia en el amor, no en el sexo como Pilar.)[5]

Por otra parte, como también lo apunta Ludmer:

> (. . .) una de las leyes de la lectura es que cada figura está no solo esbozada en la forma del contenido sino también explicitada: a través de Úrsula se formula el hecho, constante en el relato, de que los deseos ocurren al revés, al contrario.[6]

En *Crónica de una muerta anunciada*,[7] el relato también se desplaza "al revés" ya que, al dar por sabida la muerte de Santiago Nasar, el autor utiliza como hilo conductor de la trama las muchas

---

[3] Mario Vargas Llosa: *Historia de un deicidio,* Monte Ávila Editores, C.A., 1971 (sobre todo ver el capítulo intitulado "El novelista y sus demonios").

[4] Josefina Ludmer: *"Cien años de soledad": una interpretación,* Editorial Tiempo Contemporáneo, Buenos Aires, 1972, pp. 101-154.

[5] Ludmer, p. 122.

[6] Ludmer, p. 125.

[7] Gabriel García Márquez: *Crónica de una muerte anunciada,* Editorial La Oveja Negra, Bogotá, 1981.

premoniciones y presagios que el protagonista encontrara a lo largo de su último día de vida (presagios que, dentro del más puro esquema estructural del autor, tienen siempre un contrapunto de sentido común cuyo emisor es algunas veces la madre de Santiago Nasar (reducido avatar de Úrsula) y otras Victoria Guzmán (minimizada Pilar Ternera). Además, el narrador, que comparte el nombre de Gabriel García Márquez con el autor, nos dice al referirse a la última vez que la madre de Santiago Nasar vio a su hijo:

> Lo vio desde la misma hamaca y en la misma posición en que la encontré postrada por las últimas luces de la vejez, cuando volvía a este pueblo olvidado tratando de recomponer con tantas astillas dispersas el espejo roto de la memoria.[8]

Es decir que la memoria del narrador (que estaba presente en el pueblo cuando Santiago Nasar fue asesinado), es también una visión "al revés" de los hechos, ya que debe reconstruirlos retrocediendo hacia el pasado y utilizando, para hacer avanzar la acción hacia el evento del asesinato, las varias premoniciones que lo antecedieron.

Por otra parte, el empleo de premoniciones y testimonios personales que se contradicen entre sí, obligan al lector a enfrentarse a una pluralidad de posibles explicaciones del crimen (aún cuando, culturalmente, como veremos, éste solo tenga una, la de haber sido un crimen gratuito motivado por la muy antigua y muy hispánica creencia de que la honra del hombre, y por extensión de la familia, reside en la mujer.) En otras palabras, los presagios y las afirmaciones objetivas que los contradicen, introducen un "si" hipotético que se multiplica en un juego de espejos que a su vez crea la ilusión de la libertad de elección del protagonista y de los demás personajes. Si nos adherimos a la teoría de Lacan sobre la fase del espejo como elemento básico en la formación de la identidad del individuo, el "mí" de éste se sitúa, desde antes de su determinación total en una línea DE FICCIÓN eternamente irreductible al solo individuo. Una vez que el devenir del sujeto, convertido en "yo" ha sido socialmente determinado, la coordenada que representaría al "mí" solamente puede correr paralela a la del "yo" a pesar del éxito mayor o menor de las síntesis dialécticas mediante las cuales el indivi-

8 García Márques, p. 13.

duo trate de resolver la discordancia entre su "yo" y su propia realidad.[9]

En la novelística de García Márquez, la memoria es, obviamente, un reflejo de la realidad, o sea una ficción, y en el caso de *Crónica de una muerte anunciada*, una ficción retrospectiva que nunca podrá intersectar a la otra línea paralela, la del desarrollo cronológico de la narración. Al tratar de rescatar el pasado a través de la memoria, que es ficción, y ficción estática, el novelista crea la ilusión de una dinámica de la acción a través de lo que podríamos llamar los "recuerdos del porvenir" para citar el título de la novela de Elena Garro, ya que los presagios y las premoniciones anteceden el asesinato de Santiago Nasar.

A pesar de que en la novela que nos ocupa, así como en *Cien años de soledad* "Tanto supersticiones como predicciones abren camino al juego de posibilidades narrativas",[10] a la inversa de esta última, en *Crónica de una muerte anunciada*, como su título lo indica, los presagios sí se cumplen y culminan en el asesinato de Santiago Nasar. Sin embargo, todos los presagios que menciona el narrador solo adquieren validez a posteriori, es decir después del asesinato de Santiago Nasar. Antes de que éste ocurra, nadie cree verdaderamente en las amenazas de los gemelos Vicario, y la madre del narrador-autor, quien, según él:

> Parecía tener hilos de comunicación secreta con la otra gente del pueblo, sobre todo con la de su edad, y a veces nos sorprendía con noticias anticipadas que no hubiera podido conocer sino por arte de adivinación.[11]

No adivina "la tragedia que se estaba gestando desde las tres de la madrugada".[12] Bayardo San Román nos recuerda al italiano Crespi, salvo que San Román es solo fuereño y no extranjero. Como el primero, sin embargo, introduce en el pueblo las nociones de progreso y de modernidad. A la inversa de Crespi, por otra parte, será Bayardo San Román quien rechace a Ángela Vicario (en *Cien años*

[9] Jacques Lacan: *Ecrits I,* "Le stade du miroir comme formateur de la fonction du je", Editions Seuil, Paris, 1966, pp. 90-97.
[10] Ludmer, p. 107.
[11] García Márquez, p. 31.
[12] García Márquez, p. 31.

de soledad, como lo apunta Josefina Ludmer,[13] son las mujeres Buendía quienes rechazan a los extranjeros.) Lo de "fuereño" es también relativo, ya que el padre de Bayardo, el general Petronio San Román, es una de "las glorias mayores del régimen conservador, por haber puesto en fuga al coronel Aureliano Buendía en el desastre de Tucurinca".[14] Además de haber ordenado "dispararle por la espalda a Gerineldo Márquez".[15]

El extranjero, en la novela que nos ocupa, es Ibrahim Nasar, padre de Santiago, quien conversa en árabe con su hijo cuando se encuentran a solas. A pesar de que Santiago es también hijo de Plácida Linero, el pueblo lo sigue viendo como a un "turco". Semi-temido, semi-respetado, semi-querido y odiado, Santiago Nasar se convierte en el símbolo de una posible integración, de un mestizaje que la comunidad, al autoengañarse sobre la posibilidad del anunciado crimen, continúa posponiendo.

Bayardo San Román, por su parte, se nos presenta como la parodia de una parodia, o sea como la parodia de Pietro Crespi. El hecho de que sea el descendiente de un líder conservador no es simple coincidencia. Al principio de la novela, se le sospecha de ser "polaco" (en Latinoamérica es común llamar a los judíos "polacos" y a los árabes "turcos"), hasta el día en que llega su familia al pueblo y San Román es aceptado como "fundador" de una nueva aristocracia, de una nueva oligarquía. En otras palabras, el pueblo "ficcionaliza" a Bayardo San Román, de la misma manera que el autor, García Márquez, se ficcionaliza a sí mismo como investigador de los hechos y narrador de éstos con el propósito de crear un juego de espejos que multiplican los reflejos del "mí" colectivo del pueblo y constituyen su prisión.

Como lo ha visto muy bien Edith Grossmman en su artículo, aptamente intitulado "Truth is Stranger than Fact"[16] García Márquez, partiendo de una anécdota real, merecedora, a lo sumo de un pequeño espacio en la página roja de un vespertino de provincia:

[13] Ludmer, p. 112.
[14] García Márquez, p. 47.
[15] García Márquez, p. 47.
[16] Edith Grossman: "Truth is Stranger Than Fact", en *Review*, 30, September-December, 1981, pp. 71-73.

el crimen cometido por un tal Miguel Reyes Palencia, un pobre
diablo de Sucre, Colombia, quien se jacta, primero, de haber estado
tan borracho durante su noche de bodas que no pudo consumar el
matrimonio, y segundo de haber golpeado a la recién casada después
de haberse percatado de que ésta no era virgen, horada en su texto
la máscara de los hechos para llegar a su "verdad". En *Crónica de
una muerte anunciada*, Reyes Palencia se transforma en un misterio-
so, rico y apuesto "fuereño", a quien, además, la esposa vejada y
abandonada escribirá cientos de cartas que éste nunca leerá, para
ser, después de muchos años, recompensada de su tan estrambótica
lealtad por el retorno de Bayardo San Román.

Los novios "reales" adquieren proporciones míticas en la novela
que nos ocupa. Paródica Penélope y paródico Ulises, serán ellos quienes alimenten la imaginación popular no solo de un pueblo perdido
de la costa colombiana sino de toda América Latina, o por lo menos
de aquella América Latina en donde entre más cambian las cosas
más sigue todo igual. En el artículo de Edith Grossman, el novio de
la vida real, hoy casado y con hijos, nos mira desde una foto con la
sonrisa satisfecha del "macho" que ha cumplido con su deber. En
el texto de García Márquez, por otro lado, el machismo nos es pre-
sentado como un eslabón más de la cadena de mitología popular que
paraliza al pueblo. Los personajes directamente afectados por la "des-
gracia" de la "prima boba" saben lo que la costumbre dicta que
se haga en tales circunstancias y eventualmente lo hacen pero en
contra de sus más profundos instintos, casi por inercia. Bayardo San
Román no golpea a la recién casada. Se limita a devolverla y a em-
borracharse solo hasta que su madre llega a rescatarlo, como si estuviera cumpliendo con un ritual de autoflagelación por haber llevado
a cabo una acción de cuya validez no está convencido. Tampoco
sabemos cómo y cuándo perdió Ángela Vicario su virginidad, y de
todos los personajes de la novela, Santiago Nasar, quien hablando con
el narrador se refería a Ángela como "tu prima la boba", parecería
ser el candidato más improbable a perpetrador del hecho. En cuanto
a los gemelos Vicario, al anunciarle a todo aquel con quien se cruzan que tienen la intención de asesinar a Santiago Nasar, demuestran
albergar la secreta esperanza de que alguien evite el crimen o de que
Santiago Nasar se dé a la fuga.

García Márquez ha escrito una parodia del mito hispánico y patriarcal del honor, "que reside en la mujer". Uno de los tantos mitos que conforman la mentida cultura latinoamericana, la cultura de nuestros países como reflejo distorcionado de la "mala memoria" de sus habitantes. Estamos frente a la mímesis de una mímesis, ad absurdum. Nuestro autor sugiere que, quizá, al aceptarnos como miembros de una inmensa parodia podamos romper el espejo y adquirir, por fin, nuestra verdadera identidad cultural.

ESTRUCTURA E IDEOLOGÍA EN EL POEMA XXIV
DE TRILCE DE CÉSAR VALLEJO

Al escribir sobre *España, aparta de mí este cáliz,* Roberto Paoli apunta que en Vallejo:

> El profundo significado de la visión bíblico-cristiana no ha sido superado, sino incorporado profundamente al cuerpo del humanismo marxista. Es la aportación espiritual, hispánica, a una adhesión materialista. Es la hispanización del materialismo histórico y de la revolución marxista. Todo, naturalmente, bajo un plano de transfiguración poética.[1]

Aún cuando no pueda hablarse de aceptación, por parte de Vallejo, del marxismo como práxis sino hasta después de su primer viaje a la Unión Soviética como tan bien lo ha discutido Jean Franco en su libro *César Vallejo, The Dialecties of Poetry and Silence,* notablemente en el capítulo 6 intitulado "Art and Revolution." Franco escribe que:

> Long before his "crisis of conscience". Vallejo had been interested in social justice, and had frequently spoken in his articles both of the brutality of modern society and of the tragic results that followed when technology outstripped human sensibility.[2]

Es decir que no podemos estudiar un poema de Vallejo centrándonos únicamente en el libro al que pertenece, en su fecha de pu-

---

[1] Roberto Paoli, "España aparta de mi este cáliz", en *César Vallejo,* Edición de Julio Ortega, Madrid, Taurus, 1974, p. 348.

[2] Jean Franco, *César Vallejo, The Dialectics of Poetry and Silence,* Cambridge University Press, Cambridge, England, 1976, p. 147.

blicación y en la biografía que la antecede sin tomar en cuenta el proceso de gestación previa de muchos de los símbolos que allí se encuentran o de su eventual concretización en poemas posteriores. El caso que hoy nos ocupa, es el del Poema XXIV de *TRILCE* que ha sido previamente estudiado por, entre otros: Juan Larrea,[3] André Coyné[4] y Eduardo Neale-Silva.[5]

1. AL BORDE DE UN SEPULCRO FLORECIDO
2. transcurren dos marías llorando,
3. llorando a mares.

4. El ñandú desplumado del recuerdo

5. alarga su postrera pluma,
6. y con ella la mano negativa de Pedro
7. graba en un domingo de ramos
8. resonancias de exequias y de piedras.

9. Del borde de un sepulcro removido
10. se alejan dos marías cantando.

11. Lunes.[6]

La imagen que proyectan los dos primeros versos es totalmente estática. Su estaticidad, su atemporalidad son traducidas por el empleo del sintagma verbal 'transcurren' que evoca el paso del tiempo, transformando el sujeto de la proposición, 'dos marías' en su objeto semántico. En vez de "transcurren dos minutos", "transcurren dos mujeres". Las dos marías, además, no son "actantes" como las llamaría Todorov, sino "pacientes", "víctimas".[7] Un "sepulcro florecido" es un sepulcro que contiene un cadáver, por lo general de fecha reciente. Además, las 'dos marías' están llorando, lo cual añade a la idea de una muerte reciente dentro de la atemporalidad sugerida por

[3] Juan Larrea, *Aula Vallejo* 5, Córdoba, Argentina, 1967, pp. 238-243.
[4] André Coyné, *César Vallejo y su obra poética*, Editorial Letras Peruanas, Lima, 1958, pp. 92-93.
[5] Eduardo Neal-Silva, *César Vallejo en su fase trílcica*, The University of Wisconsin Press, Madison, Wisconsin, 1976, pp. 246-251.
[6] César Vallejo, *Trilce*, Losada, Buenos Aires, 1970, p. 42.
[7] Tzvetan Todorov: *Qu'est-ce que le structuralisme? 2 Poétique*, Editions du Seuil, 1968, pp. 77-85 (mi traducción).

el sintigma verbal. La estaticidad del primer verso está también sugerida por la contracción 'al' seguida del sintagma 'borde'. No hay movimiento.

En oposición al "SEPULCRO FLORECIDO" del primer verso, tenemos un "sepulcro removido" en el noveno. Un sepulcro vacío de cadáver, de muerte, que nos recuerda aquel verso de un poema de *Barbarie*: "C'est la vie, mort de la mort!"[8] También la contracción 'Del' seguida por el sintagma 'borde' sugiere mobilidad, desplazamiento, así como el sintagma verbal 'se alejan'. Es interesante notar que en los versos 2 y 10, las 'dos marías' son sujeto y objeto del verbo correspondiente, pero que sólo son "actantes" en el verso 10. Diferimos aquí con la interpretación de Neale-Silva, para quien: "Habrá de notarse que está también implícita la fugacidad de los aspectos humanos en el empleo de los verbos 'transcurren' (verso 2) y 'se alejan' (verso 10). Ninguno de los dos sugiere una pausa sino una pasajera visita"[9] 'Transcurren' y 'se alejan' traducen un presente indefinido que en el caso de 'transcurren' se proyecta hacia el pasado, y en el de 'se alejan' hacia el futuro. Además el gerundio semánticamente negativo y con una connotación pasiva 'llorando' se convierte en un gerundio con significado positivo y activo 'cantando'. De allí que las dos marías pasen a ser "actantes", o sea "beneficiarias" de la acción implícita en el verso 9, es decir, de "un sepulcro (que ha sido) removido". El participio pasado con función adjetival 'florecido' se ha transformado, en un segundo nivel del discurso, en un participio pasado con función verbal. Al verso 3, "llorando a mares" corresponde un silencio, un espacio en blanco, después del verso 10 que termina con un punto. La repetición del gerundio 'llorando' del verso 2 en el verso 3, seguida del sintagma 'a mares' que tiene función de adverbio ('mucho'), añade a la impotencia de las dos mujeres frente al llanto que las anega, además de crear la paronomasia "marías-mares". Según Neale-Silva los versos 2 y 3 por su tono melodramático "llevan envuelta la idea de falsedad".[10] Creemos más bien que Vallejo estaba no solamente jugando con la paronomasia "maría-

---

8 *César Vallejo, Poesía completa*, Barral Editores, Barcelona, 1978, "Calor, cansado voy con mi oro", p. 610.
9 Neale-Silva, p. 249.
10 Neale-Silva, p. 248.

mares" sino también con el concepto de mar/madre y con el de amor/amares.

El espacio/silencio entre los versos 10 y 11 traduce la serena felicidad de las dos mujeres que se alejan sencillamente cantando y no "cantando a voces" por ejemplo. De "pacientes" o "víctimas" se han convertido en "beneficiarias"; pero, al no ser ellas quienes removieron el sepulcro, sólo son "actantes" en el sentido de que se alejan y cantan. Su felicidad es el resultado de una acción de la cual no fueron directamente responsables. Roberto Paoli interpreta el concepto de "pasión".

> en el sentido del sacrificio cristiano y del amor ilimitado irresistible por el reino del hombre. De la pasión brota la acción, una acción que lleva consigo una historia de dolor y esperanza, dolor colectivo de gleba y de masa amorfa que espera conquistarse el derecho de ser humanidad".[11]

El "amor ilimitado" del que habla Paoli, explicaría el "llorando a mares" del tercer verso, así como la pasividad de las dos marías. El concepto marías-masa, marías-pueblo es traducido por el sintagma verbal 'transcurren' que como ya anotamos anteriormente, denota estaticidad. Los versos 4 a 8 traducen la historia de dolor y esperanza que eventualmente conducirá a la visión de una nueva humanidad, ya no pasiva sino activa y que se aleja cantando. Estamos muy lejos de las interpretaciones de Larrea y de Neale-Silva que ven en este poema al poeta muerto, siendo breve y falsamente llorado por una doble amante o una amante y su doble, superficiales y casquivanas.

Antes de analizar la segunda estrofa que consta de los versos 4, 5, 6, 7 y 8, debemos reconocer que en todo el poema encontramos referencias no sólo a la muerte y resurrección de Cristo, sino a su vida. El poema contiene, indudablemente, referencias al *Nuevo Testamento,* pero el relato bíblico ha, sin embargo, sufrido varias transformaciones, transformaciones que son ajenas a la estructura del mito o de la narración (prosa). Lo interesante de éste y de muchos otros poemas de Vallejo estriba en que el poeta cree la ilusión del mito en el poema. Todorov describe de la siguiente manera la estructura de la fábula, citando a su vez a Tomachevski:

[11] Roberto Paoli, p. 352.

"La fábula (es decir la narración) representa el pasaje de una situación a otra (...) Los motivos que cambian la situación se llaman motivos dinámicos, los que no la cambian, motivos estáticos." Esta dicotomía explicita la distinción gramatical entre adjetivo y verbo (el substantivo estando aquí asimilado al adjetivo).[12]

En cuanto a los versos 9, 10, 11 del poema XXIV de *Trilce,* estos muestran que la situación ha cambiado. Si suponemos que las "dos marías" son María, la madre de Cristo y María Magdalena ante el sepulcro del mismo, también tendremos que suponer que están allí desde el viernes santo y que se alejan del sepulcro después de la resurrección de Cristo. El último verso que consta de un solo sintagma, 'lunes' indica el día en que María Magdalena y varios apóstoles encontraron el sepulcro de Cristo vacío. Según los textos del *Nuevo Testamento,* fue el primer día de la semana. Juan Larrea, quien interpreta este poema de manera mucho más autobiográfica, ve en 'dos marías' un desdoblamiento de Mirtho (Zoila Rosa), apoyándose en la narración de este título en donde Vallejo escribe: "mi amada es dos."[13] Neale Silva no concuerda con Larrea, según él:

Las "dos marías" (...) simbolizan la veleidad femenina y, en un sentido más amplio, la inconstancia de los afectos humanos. No es realmente importante saber si una de las "marías" es Zoila Rosa Cuadra (Mirtho), la amada del poeta en 1917, ni parece necesario averiguar quién fue la otra "maría".[14]

Con razón, creemos, Neale Silva ve en las "dos marías" un término genérico que Vallejo había ya empleado en "Los dados eternos", aún cuando interpreta también la palabra 'marías' como parte de "la mutabilidad de los afectos humanos."[15]

Humberto Eco nos dice en su *Estructura ausente* que:

El entrecruzamiento de las circunstancias y de los presupuestos ideológicos, junto a la multiplicidad de los códigos, hacen que el mensaje, que en A1 parecía el punto terminal de la cadena comunica-

---

[12] Tzveban Todorov, p. 80.
[13] *César Vallejo, Poesía completa,* p. 211.
[14] Neale-Silva, p. 248.
[15] Neale-Silva, p. 248.

tiva, se presente como UNA FORMA VACÍA A LA QUE PUEDEN
ATRIBUÍRSE DIVERSOS SENTIDOS.[16]

Para nosotros, los sentidos que Larrea y Neale Silva le atribuyen
al vocablo 'marías' están definitivamente teñidos por su ideología y
por su sexismo. Es interesante notar que, mientras Larrea menciona
el contenido bíblico a la par que el anecdótico sin resolver el conflicto entre ambos, Neale Silva deshecha la connotación bíblica por
parecerle que:

> "La mano negativa de Pedro" (v. 6) sería (de ser Pedro el apóstol
> de ese nombre) el símbolo de la irreversibilidad de la muerte, idea que
> neutraliza el valor asociativo de la alusión al Redentor.[17]

A pesar de los sub-códigos ideológicos de ambos Larrea y Silva,
lo extraño es que ambos nos refieran a "Los dados eternos", en el
cual el poeta se rebela en contra de Dios y proclama la divinidad del
hombre, y cuya inspiración es de indiscutible corte nietzscheano. En
"Los dados eternos" hay, además, un obvio paralelismo entre las
"Marías que se van" y *"los dos ojos* de la muerte", que surgirán
"como dos *haces* fúnebres de lodo." Además de la referencia a "costra fermentada en tu costado" que alude, aún cuando irónicamente,
a la costilla de Adán, mientras que el número 2, aquí como en el resto
de la obra de Vallejo es más bien símbolo de desgarradura, de separación del seno materno y de desesperada búsqueda de la trinitaria
unidad. Como bien lo ha visto Roberto Paoli:

> En la trinidad "a lo humano" de Vallejo, a la persona teológica
> del Padre la sustituye la de la madre social, "hogar" universal que
> acoge bajo su amparo a todos los pobres, los afligidos y huérfanos, en
> cuanto colectividad, en cuanto masa, clamarán —pero no en vano
> en virtud de que la unión es fuerza traumatúrgica— y, por ende, crea-
> rán su propia madre colectiva.[18]

A la estaticidad y atemporalidad de la primera estrofa sigue un
movimiento negativo, es decir retroactivo, hacia la izquierda y hacia

---

[16] Umberto Eco, *La estructura ausente. Introducción a la semiótica de
Humberto Eco,* Editorial Lumen, Barcelona, 1975, p. 151.
[17] Neale-Silva, p. 249.
[18] Roberto Paoli, p. 348.

atrás en el tiempo y en el espacio, en la segunda estrofa. Julio Ortega, en "Lectura de *Trilce*"[19] ha discutido ampliamente la exploración de los "anversos" que Vallejo lleva a cabo en *Trilce*. Sin embargo es importante señalar que Paoli, en su "Mapa anatómico de *Poemas Humanos*"[20] estipula que en Vallejo la inversión "nunca toma los caracteres clásicos de una inversión carnavalesca, en el sentido teorizado por Bachtin."[21]

En la segunda estrofa existe un paralelismo de sinonimia entre "El ñandú desplumado del recuerdo" y "la mano negativa de Pedro". Los atributos 'desplumado' y 'negativa' denotan semánticamente una anomalía que padecen los "actantes", 'ñandú' y 'mano' de género opuesto, pero ambos precedidos por un artículo definido, en contraste con 'un' sepulcro y 'dos' marías (dos, en vez de verse como adjetivo numeral, podría verse como 'unas', ya que 'marías' no lleva mayúscula.) También hay un paralelismo sinonímico referencial entre 'del recuerdo' y 'de Pedro', más allá del paralelismo sintáctico introducido por el posesivo. 'El recuerdo' está personificado, así sea en la forma de un animal peruano de la familia de las avestruces.

'Pedro', con mayúscula, podría ser un avatar peruano del apóstol Pedro (de piedra), sobre el cual, según el *Nuevo Testamento*, Jesús fundó su iglesia. O sea Pedro el encargado de perpetuar las enseñanzas y proezas de Jesús. Pedro, la memoria de la Tribu que viene a rescatar el pasado de la desmemoria del ñandú, utilizando su última y posterior ("postrera") pluma del recuerdo. No debemos además olvidar, aunque se trate de un poema posterior al que nos ocupa, a la figura de Pedro Rojas en *España aparta de mí este cáliz!*[22] símbolo del obrero universal en su idiosincracia española. Sincrónicamente, se puede establecer una relación entre ambos Pedros.

Hay también paralelismo sinonímico a un nivel de lengua secundario entre los versos 5 y 7 fuera del paralelismo sintáctico entre los sintagmas verbales 'alarga' y 'graba', ambos en tercera persona del

[19] Julio Ortega, "Lectura de *Trilce*", *Revista Iberoamericana*, No. 71, abril-junio de 1970, pp. 165-189.
[20] Roberto Paoli, "Mapa anatómico de *Poemas Humanos* (poética y lenguaje)", Acatas del Coloquio Internacional, Freie Universität, Berlin, 7-9 de junio de 1979, pp. 41-53.
[21] Roberto Paoli, p. 45.
[22] *César Vallejo, Poesía completa,* p. 769.

singular del presente del indicativo. 'Graba' hace referencia a 'alarga'
(la mano para grabar). Encontramos también una relación entre
'postrera' y 'domingo', el último y 'postrero' día de la semana. Además el 'domingo de ramos' es el último domingo antes de la muerte
y resurrección de Cristo. También existe una relación entre 'Ramos' y 'pluma', por la forma física de ambos; porque ambos han
sido arrancados de un cuerpo o tronco, etcétera. Es interesante notar,
además, que 'un domingo de ramos', al estar precedido por el artículo
indefinido 'un', puede ser cualquier domingo de ramos, así como 'un'
sepulcro puede ser cualquier sepulcro y 'dos' marías, cualquier par de
marías. Neale Silva escribe que, habiendo nacido el poeta un domingo
de ramos, y siendo el poeta quien ocupa el sepulcro del poema, éste
está haciendo coincidir su fecha de nacimiento con la de su muerte.[23]
Lo irónico es que, de tratarse de Cristo en el poema, la fecha de su
muerte el Viernes Santo coincide con la muerte real de Vallejo, un
viernes santo.

El movimiento retroactivo (negativo) de la estrofa, continúa en
el verso 8. Lo que la mano de Pedro graba son ecos del pasado,
memorias cuya intensidad va disminuyendo, desapareciendo, 'resonancias' de muerte, de funerales, de 'exequias' y de 'piedras', dos sustantivos que tienen una relación de paralelismo sinonímico en lo referencial con 'sepulcro'.

El desquiciamiento del tiempo, tan prevalente en los poemas de
Trilce, hace que Pedro grabe los hechos antes de que estos hayan
tenido lugar, y que al hacerlo, los precipite, acortando de una semana
el ciclo anual del rito de muerte y resurrección. Pedro podría, de
acuerdo con el movimiento de la estrofa, estar 'borrando' o 'desgra-
bando' y no 'grabando' 'resonancias de exequias y de piedras'. 'Exequias' podría referirse a la muerte y entierro de Cristo y 'piedras'
ambos a su entierro y a su resurrección. El 'removido' del verso 9
cobraría entonces nuevos significados. 'Desaparecido', 'borrado', 'eli-
minado', o sea que no ha existido ni existe. De allí la despreocupa-
ción de las dos marías que se alejan cantando. Dentro de la dialéctica
de la obra Vallejiana, estamos a medio camino entre el reto apocalíp-
tico de "Los dados eternos":

[23] Neale-Silva, p. 250.

Dios mío, y esta noche sorda, oscura,
ya no podrás jugar, porque la Tierra
A FUERZA DE RODAR, ASÍ TAN DURA,
ES UN DADO ROÍDO Y YA REDONDO
que no puede parar sino en un hueco,
en el hueco de inmensa sepultura.[24]

y el materialismo de los *Poemas Humanos*.

Saúl Yurkievich ha anotado acertadamente que para Vallejo:

El acto y la infución se adelantan al razonamiento. Vallejo nos propone un tiempo discontinuo, fragmentario, contradictorio, sin figura nítida, que es el que vivimos pero no el que pensamos.[25]

Vallejo crea la ilusión de la fábula o de la narración al introducir y concluir el poema utilizando paralelismos antagónicos, los cuales a su vez describen o anotan un cambio entre el principio y el fin del poema, cambio que instintivamente atribuimos a "algo" en la estrofa central. Por medio de la negación de lo tradicionalmente establecido como sagrado, el poeta trata de recrear el concepto de resurrección, simbolizado en el poema por la palabra "lunes", relacionada con comienzo, renovación, esperanza, cambio, como bien lo ha visto Neale Silva:

Ha llegado otro día, y lo significativo es que sea un lunes, el día de la verdad, como dejó dicho el poeta en "Trilce XLIX" 'Murmurando de inquietud, cruzo/el traje largo de sentir, los lunes/de la verdad.' El lunes es pues, el día de los vivos y de la vida sin llantos.[26]

Las "dos marías" con minúscula, simbolizan a todas las mujeres del pueblo, víctimas de creencias religiosas que las paralizan y de un sufrimiento que las culturas patriarcales han erigido en "modus vivendi". Además, no olvidemos que, y de acuerdo con el mismo Juan Larrea, *Trilce* iba a llamarse *Los cráneos de bronce* "designación que (...) por el color apunta a la raza autóctona o "raza divina" del poeta que se empeñaba en firmarlo como 'César Perú'".[27] Del

---

24 *César Vallejo, Poesía completa*, p. 385.
25 Saúl Yurkievich, *Fundadores de la nueva poesía latinoamericana, Vallejo, Huidobro, Borges, Girondo, Neruda, Paz*, Barral Editores, 1973, p. 43.
26 Neale-Silva, p. 249.
27 *César Vallejo, Poesía completa*, p. 405.

mismo modo, las "dos marías" vistas como un desdoblamiento de la madre de Cristo en Pacha-Mama podrían también simbolizar las dos madres sociales del poeta, el Perú y España. En *Contra el secreto profesional*[28] de Vallejo leemos:

> Llegamos al cementerio ... La tumba de la madre. La contemplación de la muerte, desde el punto de vista biológico y vital (madre, amante, los nueve meses y madre después fuera del vientre.)

apunte de Vallejo que abriría aún nuevas posibilidades de interpretación al "dos marías" del poema que ahora discutimos.

Pedro, arquetipo del hombre nuevo, utiliza el último vestigio de un Perú que ha ido olvidando su propia historia indígena así como la herencia española y judeo-cristiana para borrar precisamente ese último vestigio, mediante una dialéctica del verso y del anverso del mito de la muerte de Cristo para empezar a escribir otra historia, la de una humanidad verdaderamente humana. Según Paoli, todo el programa cognocitivo de Vallejo se encuentra

> virtualmente contenido en el primer verso de *Los Heraldos Negros:* 'Hay golpes en la vida, tan fuertes ... Yo no sé!' En este marco de gran amplificación de una percepción desapacible de la existencia, pueden colocarse también la cada vez mayor obsesión temporal, y el morir, como término clave que identifica un abundante campo semántico.[29]

Este análisis de la estructura y de la ideología del poema XXIV de *Trilce,* así como nuestra tentativa interpretación no pretenden ser exaustivos, tratamos solamente de no caer en el guarismo que, según Vallejo se encuentra detrás de cualquier avatar:

> Como detrás desahucian juntas
> de contrarios. Como siempre asoma el guarismo
> bajo la línea de todo avatar.[30]

[28] César Vallejo, *Contra el secreto profesional,* La mosca azul, Lima, 1973, pp. 99-101.
[29] Roberto Paoli, "Mapa anatómico...", p. 46.
[30] "Trilce X", p. 21.

TRILCE *XXV* U *"ODA A LA ALFABETIZACIÓN"* DE CÉSAR VALLEJO

El significado del poema XXV de *Trilce*[1] de César Vallejo sigue siendo, a pesar de algunas brillantes aproximaciones de interpretación debidas a los más destacados vallejistas, un misterio. Saúl Yurkievich[2] no le encuentra sentido alguno, a pesar de reconocer que posee una innegable tensión interna que actúa, frente al lector, como campo magnético. André Coyné[3] lo ve como paisaje peruano, mar y sierra, mientras que Eduardo Neal-Silva[4] lo interpreta como un texto de protesta social en contra de la paupérrima situación del indígena peruano. Veamos pues el texto del poema:

1 Alfan alfileres a adherirse
2 a las junturas, al fondo, a los testuces,
3 al sobrelecho de los numeardores a pie.
4 Alfiles y cadillos de lupinas parvas.
5 Al rebufar el socaire de cada caravela
6 deshilada sin americanizar,
7 Ceden las estevas en espasmo de infortunio,
8 con pulso párvulo mal habituado
9 a sonarse en el dorso de la muñeca.

[1] César Vallejo, *Poesía completa*, Edición crítica y exegética de Juan Larrea, Barral Editores, Barcelona, 1978, p. 445.

[2] Saúl Yurkievich, *Valoración de Vallejo*, Resistencia (Chaco, Argentina), Universidad Nacional del Nordeste, 1958, p. 35.

[3] André Coyné, *César Vallejo*, Ediciones Nueva Visión, Buenos Aires, 1968, pp. 168-170.

[4] Eduardo Neale Silva, *César Vallejo en su fase trílcica*, The University of Wisconsin Press, 1975, pp. 66-77.

10   y la más aguda tiplisonancia
11   se tonsura y apeálase, y largamente
12   se ennazala hacia carámbanos
13   de lástima infinita.
14   Soberbios lomos resoplan
15   al portar, pendientes de mustios petrales
16   las escarapelas con sus siete colores
17   bajo cero, desde las islas guaneras
18   hasta las islas guaneras.
19   Tal los escarzos a la intemperie de pobre
20   fe.
21   Tal el tiempo de las rondas. Tal el del rodeo
22   para los planos futuros,
23   cuando innánima grifalda relata sólo
24   fallidas callandas cruzadas.
25   Vienen entonces alfiles a adherirse
26   hasta en las puertas falsas y en los borradores.

Algunos de los escollos tipográficos a los que se enfrentan los
investigadores arriba mencionados y otros, al sólo disponer de la edición de Lozada, han desaparecido desde que contamos con la edición
definitiva de Juan Larrea. El primer verso dice pues "Alfan alfileres"
(y no 'alfiles') y 'ameracanizar' es, como se suponía, 'americanizar'.
Saúl Yurkievich escribe que los poemas de César Vallejo:

> nos transmiten una triple información: Información textual específica-
> mente poética; información sobre el emisor, sobre una subjetividad
> parcialmente, conjeturalmente recuperable a partir del poema, e in-
> formación sobre el referente denominado realidad. Esa tercera instan-
> cia, la textual y la expresiva que en la escritura de Vallejo son deter-
> minantes, imponentes. Vallejo nunca es neutro, nunca pasa directa-
> mente a los contenidos cognoscitivos, siempre obstaculiza (y enrarece y en-
> riquece) la comunicación referencial con una alta dosis de transmu-
> tación formal, de estilo, y una carga envolvente de expresividad, una
> preponderancia sentimental.

Añade además, inspirándose en Gilles Deleuze, que: "Vallejo, a la par que expresa los acontecimientos extratextuales, expresa el acontecimiento del lenguaje confundido con su propio acontecer."[5]

Nuestra hermenéutica tendrá siempre en cuenta la triple información que *Trilce* XXV nos transmite. En su análisis de este poema, Neale-Silva señala en ella la abundancia de la letra 'a' que él traduce como un sonido/a/ que sería similar a la nota repetida del cansancio de los indígenas. Si es verdad que las numerosísimas aliteraciones del poema fueron seleccionadas por Vallejo para imitar poéticamente todo un proceso de aprendizaje, sugerimos que la repetición no del sonido sino de la grafía de la letra 'a' es la clave principal del poema. El tema del poema es la producción de la letra A (mayúscula) por la mano 'párvula' de un niño que aprende a escribir.

En el verso 1, 'Alfan' (cf. obrador de alfarero/arcilla) contiene el 'alfa' griega y es un neologismo empleado con anterioridad por Vallejo.[6] Aquí significa algo como "luchar," "bregar." Los 'alfileres' (así como los alfiles) tienen aquí su acepción corriente (aún si se piensa en la planta a otro nivel, pues ésta deriva su nombre del alfiler metálico, por la forma de sus ramas). Sin embargo 'alfileres' es utilizado aquí con su connotación de fragilidad como en "pegar con alfileres" por ejemplo, en contraposición a los 'alfiles' victoriosos de la última estrofa que evocan una substancia más sólida como el marfil o la madera. 'Alfiles' y 'alfileres' simbolizan las dos vertientes de la A mayúscula, que la mano 'párvula', o sea inexperta, analfabeta, trata de juntar en la cima. Las 'junturas', el 'fondo' y los 'testuces' son metáforas del ángulo superior de la A, y son también términos que evocan el campo y su cultivo. El niño, como el campesino, abre surcos con su arado. Además, las dos vertientes de la A vistas desde una perspectiva trasera se asemejan a los cuernos de un buey tirando de la yunta. El 'sobrelecho' es la raya transversal de la A, y los "numeradores', la parte superior o triángulos de la A, que no tienen denominadores y por ello van a pie, además de la forma misma de la letra que nos recuerda a alguien caminando. El verso 4 describe los semigarabatos que traza la mano infantil e inexperta. Los 'alfiles',

[5] Saúl Yurievich, "El salto por el ojo de la aguja (Conocimiento de y por la poesía)", en César Vallejo, Julio Ortega, Ed., Taurus, Madrid, 1974, p. 445.
[6] Neale Silva, p. 68.

'cadillos' y 'lupinas' son, las primeras plantas como la zanahoria, el apio y el perejil y la última un tipo de helecho. 'Parvas' puede referirse al atado de hierbas o significar "grandes cantidades" estableciéndose así un juego de palabras entre 'lupinas' y 'parvas' en donde ambos vocablos pueden interpretarse como sustantivos o como adjetivos, 'lupina' siendo también una planta venenosa apelada "mata lobos". Lo que el verso 4 traduce es la incapacidad del niño de trazar Aes de contornos nítidos, sus primeras tareas de caligrafía recuerdan más bien la maleza del altiplano peruano en donde se multiplican estilizadas Aes. Los 'alfiles' son también, claro está, la pieza del ajedrez que se desplaza diagonalmente.

En la segunda estrofa, 'rebufar' no sólo significa como lo han apuntado otros críticos "bufar con fuerza u enojo", sino también "ahuecarse". El 'socaire' es el lado del navío opuesto a la dirección del viento; 'deshilada', además de su acepción corriente también quiere decir "en fila". Recordemos pues los ejercicios de caligrafía que hacíamos cuando eramos párvulos, y que consistían en trazar hilera tras hilera de rayas diagonales que recordaban 'alfiles' o 'alfileres', y también veleros en fila, o sea 'caravelas'. Estas Aes inclinadas no son sino un elemento de la palabra 'América', o sea que están aún sin 'americanizar'. Tampoco eran nuestras primeras Aes perfectamente diagonales u oblícuas, sino que tendían a ahuecarse, a 'rebufar'. Las 'estevas' (piezas curvas por donde se empuña el arado) son aquí también los dos costados de las Aes que se van ahuecando hasta ceder. El pobre niño, frustrado y desesperado se echa a llorar. Notemos además de paso cómo Vallejo utiliza las aliteraciones, por ejemplo en el verso 5 para imitar la aplicación del niño (traducida por /K/) y su lento esmero, traducido por 'cada'. También en el caso de 'estevas' 'espasmo' la aliteración imita el sonido producido por los sollozos infantiles. El niño llora pero no abandona su tarea y, a falta de pañuelo, se suena con el dorso de la muñeca y sorbe sus lágrimas y mucosidades con tanto ahínco que éstas producen un agudo sonido "tiplisonante" que se pierde en lo más recóndito de las fosas nasales, al mismo tiempo que el niño siente una infinita piedad por sí mismo. El que los 'carámbanos' suban en vez de bajar, está, además, muy de acuerdo con la poética de Vallejo según la cual la realidad se desplaza tan a menudo al revés. 'Se tonsura' y 'apeálase', como casi todos los significantes utilizados por Vallejo en este poema, presentan varios niveles de significado. Dentro del contexto geográfico andino cuyo paisaje forma el telón de fondo del poema, evocan la tonsura del ganado lanar (ovejas, alpacas, llamas, guanacos) y el apealar de éste (el atarle por las cuatro patas) para poder llevarlo a cabo. En sentido figurado, se refiere a la aspiración por parte del niño de sus mucosidades nasales. El juego entre significados y significantes continúa sin embargo, ya que 'ennazalan' está escrito con z, y 'azala' significa oración entre los mahometanos. Hay pues relación también entre 'azala' e 'infinita'. Estamos frente a una suerte de transmutación, como en *Trilce* I, en donde el hedor del guano es calificado de 'tesóreo'. Los humores aquí se transforman en plegaria.

En la tercera estrofa, las Aes tornan a ser caballos. Los 'petrales' o correas son 'mustios' o sea "tristes", "melancólicos" porque han sido trazados por la mano insegura del párvulo. Las letras, por su forma, asemejan también prismas que reflejan sus 'siete colores bajo cero' o sea la luz de la fría mañana de la sierra peruana. Estos "caballos" no viajan a las islas Baratarias, sino a las 'guaneras', o sea a los retretes con fosa séptica, y a la "intemperie," del colegio rural. La A se asemeja también a una colmena, y a las alveolas de un panal, pero en este caso de un panal vacío de su miel, a un 'escarzo' abandonado a la 'intemperie' del retrete, que torna a ser de 'pobre fe' porque el niño, en su inseguridad, no sabe aún si jamás logrará aprender a escribir. Pero hay más. 'Lomo' es también el caballete entre surco y surco en el arado, que se relaciona con el empleo de 'estevas' en el verso 7. Aquí los lomos de las Aes 'resoplan' porque el papel en que han sido trazadas ha hecho las veces de papel higiénico en las 'islas guaneras' que los estudiantes párvulos frecuentan. La clave del significado (a nivel de la realidad) de la estrofa está en la aliteración 'escarapelas'/'escarzos'. 'Escarapelas' no solamente significa "insignia redonda y multicolor que los soldados llevan en el morrillo" sino que contiene el significante 'escara' que describe la costra que se forma al cicatrizar una herida. Vallejo nos obliga a retornar una vez más a la infancia y a recordar las costras que todos ostentamos alguna vez en codo o rodilla, 'escarapelas' de los juegos infantiles. Aquellas son multicolores. 'Pelas' es también parte del aspecto

lúdico del texto. 'Bajo cero' está relacionado con intemperie y recuerda la temperatura, sobre todo en invierno, de los Andes perua-
nos. Los 'escarzos' y las Aes han sido abandonados. Para volver a ser
depositorio de miel, el escarzo tiene que ser devuelto a la colmena
que, en sentido figurado, no sólo representa el alfabeto entero sino
la lengua en su totalidad, el matrimonio entre significante y significados que hará brotar el poema.

El 'tiempo' al que se refiere Vallejo en el verso 21, es el tiempo
circular y repetitivo de los años párvulos, sin aparente dirección para
el niño que no comprende que su formación futura depende precisamente de ese proceso repetitivo que parece no tener fin ni conducir
a ningún sitio. 'Tal el tiempo de las rondas', de las rondas infantiles,
del "naranja dulce, limón partido... El 'rodeo para los planos futuros' traduce el proceso de la educación del crío, proyecto que se
desplaza en espiral hacia un futuro que éste encuentra eterno y a
menudo desalentador. En el verso 23, la palabra 'grifalda' le ha dado
mucho qué hacer a los críticos. No creemos que aquí signifique ni
"marihuana" ni "águila", pensamos que, una vez más, la clave (como
en el mismiso título del poemario *Trilce*) de la interpretación de
este neologismo es su construcción a partir de dos significantes en alguna forma relacionados entre sí o con otro vocablo del poema. Si
buscamos en el diccionario 'grifa', nos encontramos con, entre otras
acepciones, 'letra grifa': "Nombre que se dio a la 'aldina' usada por
Sebastián Grifo." 'Aldina' es un adjetivo que describe algo relativo a
Aldo Manucio y los demás impresores de su familia. 'Grifalda' nos
sugiere pues las mejores impresiones de los clásicos, entre otras de
Virgilio, que fueron dadas a luz durante el Renacimiento, pero también sugiere "grafía/estructura" y evoca imágenes de mitológicos
monstruos. 'Grifalda' es una letra mitad 'aldina' y mitad 'grifa', o sea
"ni chicha ni limonada", letra en formación, manantial en potencial,
signo en gestación. Es 'innánima', sólo el contacto con el resto del
alfabeto y del lenguaje tornará eventualmente a 'animarla', a darle
vida. Por el momento sólo es testigo mudo de fracasadas y silenciosas
expediciones: 'fallidas callandas cruzadas', o sea del metódico y aparentemente inútil esfuerzo del niño que se aplica en aprender a
trazar la A.

Los últimos dos versos describen la victoria final del niño que ha

logrado aprender a escribir (por lo menos la A) y sus componentes
ya firmes y seguros ('alfiles') aparecen hasta en los lugares más sor-
prendentes, las 'puertas falsas' y 'los borradores'. La perfección (la
poesía) aparece aún en medio de lo falso e imperfecto. Esta interpretación de *Trilce* XXV no es, obviamente, exaustiva, pero sí participa
de la descripción que Octavio Paz diera de 'Hanuman' en *El mono
gramático:* [7]

> mono/grama del lenguaje, de su dinamismo y de su incesante pro-
> ducción de invenciones fonéticas y semánticas,
> el poeta, señor/servidor de la metamorfosis universal: simio imitador,
> artista de las repeticiones, es el animal aristotélico que copia del natu-
> ral pero asimismo es la semilla semántica, la semilla-bomba enterrada
> en el subsuelo verbal y que nunca se convertirá en a planta que espera
> su sembrador, sino en la otra, siempre la otra. Los frutos sexuales y
> las flores carnívoras de la alteridad brotan del tallo único de la iden-
> tidad.

De haberlo podido leer Vallejo habría estado totalmente de acuerdo con el dictámen de Paz.

---

7 Octavio Paz, *El mono gramático,* Seix Barral, Barcelona, 1974, p. 111.

APUNTES SOBRE ESTRUCTURA E IDEOLOGÍA EN ALGUNOS TEXTOS DE ROQUE DALTON

> *Todos juntos*
> *tenemos más muerte que ellos*
> *pero todos juntos*
> *tenemos más vida que ellos.*
>
> Roque Dalton "Todos"

Humberto Eco escribe en La estructura ausente que:

> La ideología hace la función de falsa conciencia. Desde el punto de vista semiótico, tenemos un mensaje esclerotizado que ha pasado a ser unidad significante de un subcódigo retórico; este significante connota un significado, como unidad semántica de un código ideológico. En este caso, el mensaje oculta (en vez de comunicar) las condiciones materiales que debía expresar.[1]

En esta breve nota sobre el poeta salvadoreño Roque Dalton, trataré de apuntar el modelo utilizado por éste para desenmascarar la retórica de la ideología en el poder, "ideología fija" en semiótica, y hacer resaltar su propia ideología dialéctica, lo cual le permite al destinatario, o sea al lector, ejercer libremente sus facultades críticas y llegar a las conclusiones que éstas le dicten. Según Eco, la única forma de desmixtificar "la unión ficticia entre un uso retórico fosilizado y uno (solamente uno) de los sistemas semánticos separados

---

[1] Humberto Eco: *La estructura ausente, Introducción a la semiótica de Humberto Eco,* Editorial Lumen, Barcelona, 1972, p. 187.

artificialmente del cuadro general de todos ellos"[2] debería llevarse a cabo mediante la individualización de otros sistemas semánticos. Esto es precisamente lo que Roque Dalton logra hacer en dos de sus últimas obras: *Las historias prohibidas de Pulgarcito*[3] y *Pobrecito poeta que era yo,*[4] novela publicada póstumamente.

El formato de poema-collage de la primera, y el juego de diferentes perspectivas pronominales de la segunda (narración en primera y tercera persona, impersonalidad de actas, documentos y reportajes) se presta admirablemente para desmixtificar los mensajes de la ideología de la clase opresora. Este procedimiento es más fácilmente discernible en *Historias prohibidas*... debido a la disposición de los textos que van tejiendo a grandes rasgos la historia de El Salvador, ambas la oficial y la otra, merced a una confrontación de textos: Documentos burocráticos, testimonios populares, entrevistas, refranes, "bombas" y poemas escritos por Dalton.

La retórica de la ideología oficial y oligárquica pierde así todo venero de verosimilitud, produciendo en el destinatario una suerte de detonación de su sentido crítico y una recuperación, por analogía, de su memoria, sea o no el lector latinoamericano. Se podría hablar aquí de lo que Haroldo de Campos llama una "praxis intersemiótica":

> Es el mundo de las comunicaciones, la presión dialógica de la comunicación intersubjetiva generalizada, que preordena y configura al signo literario universal como "signo ideológico."[5]

Un ejemplo de este fenómeno tiene por tema central la masacre de 1932 en El Salvador, masacre que tuvo proporciones de holocausto cuanto pensamos que en el país más pequeño de América Latina perecieron asesinadas por las tropas del gobierno del general Martínez, más de 30,000 personas.

---

[2] Ibid., p. 187.

[3] Roque Dalton: *Las historias prohibidas del Pulgarcito,* Siglo Veintiuno Editores, México, 1974.

[4] Roque Dalton: *Pobrecito poeta que era yo...*,EDUCA, Centroamérica, 1976.

[5] Haroldo de Campos: "De la razón antropofágica, diálogo y diferencia en la cultura brasileña, *Vuelta,* No. 68, julio, 1982, p. 12. Haroldo de Campos se apoya en las teorías de Volosinov y/o Bakhtin.

El tema de la matanza del 32 rebasa los límites de *Las historias*...
y permea toda la obra de Dalton, quien, además, dedicara todo un
volumen a la obra de Miguel Mármol, uno de los sobrevivientes de
los fusilamientos en masa de ese año trágico.

En un breve esquema en el cual Dalton utiliza un vocabulario y
un formato de guión cinematográfico ('close up', 'Gran Plano'. 'Plano americano') resume los hechos históricos: Elección del presidente
Araujo, golpe militar del general Maximiliano H. Martínez, éxito
electoral del partido comunista salvadoreño, intento de diálogo entre
éste y el nuevo dictador militar, captura de los principales dirigentes
comunistas y campesinos: "Gran Plano: La masacre a nivel nacional
alcanzó proporciones monstruosas. No frenaría su carácter masivo
hasta después de llegar a los 30 mil asesinatos."[6] Más adelante, y
siguiendo cierta vena cortazariana (sobre todo la que encontramos
en los libros collage de Cortázar), introduce una cita de César San-
dino que contrasta a su vez con una paráfrasis del uso que el dictador Martínez hace de ella. La síntesis que capta el destinatario,
o, como diría Ezra Pound, la imagen resultante, es de una ironía
feroz:

> II. La Soberanía
> El guerrillero nicaragüense
> Augusto César Sandino
> dijo a los militares yanquis
> que habían invadido Nicaragua:
> "La soberanía de un pueblo no se discute:
> se defiende con las armas en la mano."
> Cuando el levantamiento obrero-campesino en El Salvador en
>   1932
> los yanquis y los ingleses propusieron
> al general Maximiliano Hernández Martínez
> desembarcar tropas en el puerto de la libertad
> para ayudarle a reprimir la rebelión.
> El general Martínez dijo que eso no era bueno para la
>   soberanía nacional
> y les envió a los almirantes un telegrama (...)[7]

6 Las historias prohibidas... p. 115.
7 *Las historias*..., p. 115.

La economía verbal del telegrama ningunea a los muertos, vuelve impersonales las atrocidades y produce en el destinatario una parálisis emocional, que lo sitúa fuera del parámetro del humor, por más negro que este sea. Es testigo de la modernidad al servicio de la barbarie. Como escribe Octavio Paz en *Corriente alterna*: "La prisa por "desarrollarse", por lo demás, me hace pensar en una desenfrenada carrera para llegar más pronto que los otros al infierno."[8] El telegrama del general Martínez se transforma, en el contexto que Dalton le da dentro del juego intertextual de su libro, en una caricatura, o más aún, en un esperpento del progreso.

Al telegrama sigue un documento de la historia de El Salvador que relata, entre otros horrores, el siguiente:

> En Juayúa se ordenó que se presentaran al cabildo municipal todos los hombres honrados que no fueran comunistas, para darles un salvoconducto, y cuando la plaza pública estaba repleta de hombres, niños y mujeres, pusieron tapadas en las calles de salida de la plaza y ametrallaron a aquellas multitudes inocentes, no dejando vivos ni a los pobres perros que siguen fielmente a sus amos indígenas.[9]

Otra de las técnicas utilizadas por Dalton es la yuxtaposición, ausente de comentarios por parte del autor, de entrevistas contradictorias a sobrevivientes de la matanza del 32. Técnica que encontramos en "Vox populi": "En 1982 no se torturó a nadie. ¿A qué horas, señor? Ya sólo con fusilar aquellas tanatadas de gente teníamos más trabajo del que podíamos atender con seriedad.[10] Este entrevistado cae obviamente en la trampa que le tiende el autor, ya que al negar que haya habido torturas, admite la matanza. A su vez otro lo desdice:

> ¿Que no se torturó? Eso es falso, se torturaba diaria y constantemente. Toda persona que era capturada era muerta después de horribles palizas, macheteadas, sacaduras de ojos, colgaduras. La Guardia Nacional mató a muchas personas a culatazo limpio, el ejército se distinguió en el uso de la bayoneta —Cuando se capturaba un campesino que hubiera hecho resistencia se le cogía entre cuatro por brazos

---

8 Octavio Paz: *Corriente alterna,* Siglo Veintiuno, México, 1967, p. 22.
9 *Las historias . . .*, p. 118.
10 Las historias . . ., p. 119.

y piernas, se le lanzaba en el aire y se le enganchaba en la caída con las bayonetas. La única garantía de no ser torturado era ser muerto desde lejos.[11]

Dalton, quien fácilmente podría haber caído en una acumulación de textos tediosos debido a la desgraciadamente repetitiva lista histórica de aberraciones perpetradas en contra del pueblo salvadoreño por el gobierno en turno y por sus aliados, vadea este peligro una y otra vez mediante la ya mencionada chispa del humor. En el Poema V: "De la Ley Agraria reformada entonces" resalta el artículo 71:

> Los agentes de la Guardia Nacional,
> al primer requerimiento de cualquier
> hacendado o agricultor, capturarán
> a la persona o personas que éste
> les indique como sospechosas,
> bajo su responsabilidad ... [12]

Y en el VII: "Programa de moral para la primaria (1940)":

> III) Rendir a nuestros semejantes la última manifestación de amor, y enseñarles que estos deberes se cumplen enterrando a los muertos y consolando a los dolientes.[13]

Mientras que en el VIII: "Filosofía para gobernar El Salvador por periodos no mayores (ni menores) de trece años". Leemos este "pensamiento del dictador Martínez": "Es un crimen más grande matar a una hormiga que a un hombre, porque el hombre al morir se reencarna, mientras que la hormiga muere definitivamente."[14] La síntesis del tema poético del 32 cristaliza en el poema "Todos", y torna a ser una nueva tesis cuando Dalton lo coteja con los sucesos que tuvieron lugar con posterioridad en El Salvador. Nada, o casi nada ha cambiado. El eterno círculo infernal continúa. Quizá, sin embargo, pueda lograrse crear una nueva realidad si el pueblo se decide a aceptar y asumir la realidad que lo rodea.

[11] Ibid., p. 120.
[12] Ibid., p. 122.
[13] Las historias ... , p. 124.
[14] Ibid., p. 125.

El embrión, no el hombre, lo inacabado, lo hecho a medias resalta en las imágenes de Dalton. Nos encontramos en pleno estadio de la pérdida del pene, de la impotencia que, según Lacan,[15] preceden a la cristalización de la individualidad y de la identidad nacionales. De allí que el poeta hable de: "La todopoderosa unión de nuestras medias vidas de las medias vidas de todos los que nacimos medio muertos en 1932." [16]

La mala memoria es otro ejemplo de castración que nos recuerda la desmemoria del pueblo en *El Señor Presidente* y *Cien años de soledad,* para atenernos a dos conocidos ejemplos, y que reside más bien en una reprogramación de los recuerdos que Dalton ilustra por medio de entrevistas hechas al público y a un tal Francisco "Chico" Sánchez, absurdamente apodado "mártir del pueblo salvadoreño". Este último dice:

> Dicen que aquello fue terrible. Los indios le encaramaron machete a los ricos y terminaron volándole la cabeza a todo el mundo. Dicen que estuvieron a punto de asaltar San Salvador y que iban a matar a todo el que tuviera zapatos, ya no se diga corbata, y que iban a forzar a todas las mujeres. La matazón que hicieron fue tremenda. Después parece que fusilaron a los líderes del comunismo y todo se calmó... [17]

En el poema "II" otro testigo dice:

> ————Nunca creí que aquel grupo de 300 niñas iban a ser violadas (sic) públicamente...
> ————¿En qué momento fue eso?
> ————Al día siguiente del levantamiento comunista... Fue en Salcoatitlán, como a las siete de la noche, después de asaltar el puesto de la policía y de la Guardia, la horda roja empezó a saquear casa por casa... [18]

El poema del que acabamos de extraer las citas precedentes, se intitula: "1932 en 1972 (Homenaje a la MALA memoria)", título que trae a colación lo que escribiera Carlos Fuentes:

[15] Jacques Lacan: *Ecrits II,* Seuil, Paris, 1971, pp. 191-200.
[16] *Las historias...,* p. 129.
[17] *Las historias...,* p. 193.
[18] Ibid.

Porque en México la palabra pública, también desde las *Cartas de relación* de Cortés hasta el penúltimo informe presidencial, ha vivido secuestrada por el poder, y el poder en México es una operación de amnesia.[19]

La mezcla del recuerdo de los sucesos reales, tamizado ya por el relato de padres a hijos, se confunde con la versión oficial, produciendo en el destinatario moderadamente capaz de discriminar entre una ideología y otra, un efecto de absurdidad total. Absurdidad producida también por los fantasmas y el miedo de la clase media y de la clase media baja. Dalton tiene pues una visión crítica de la historia como función negativa. Esta visión crítica tiene a su vez una doble articulación, la que proporcionan las citas de Dalton que niegan la culpabilidad oficial para achacársela, no a los verdaderos comunistas, sino a "comunistas" que son el producto de su imaginación mediatizada, y la que Dalton establece al cotejar los datos históricos con su versión popular u oficial.

La estructura utilizada por Dalton para desenmascarar a la ideología en el poder, expone a su vez su propia ideología. Lo que Ángel Rama[20] escribiera a propósito de Martí, podría aplicarse al análisis de muchos de los poemas políticos de Dalton, con la marcada diferencia de que este último no sólo transpone el dolor y el feísmo, valores de los desheredados de su país, sino que también acepta la violencia. El "Poemita con foto simbólica" de Dalton "dedicado al núcleo de la clase interna lacayo-dominante, que incluye una apreciación nada personal sobre lo que cabe esperar de su amo, por los vientos que soplan." Ofrece un buen ejemplo de analogías tomadas de la naturaleza en que se unen feísimo y violencia que alternan también con analogías tomadas del contexto socio-político y económico. La oligarquía es 'buitra', 'asna con garras', 'chucha insepulta', 'Tigra de palo', pero también es 'bacinilla de plata del obispo' y 'jefa del obispo', 'mantenedora del presidente', 'coyota del señor embajador' y 'caja de gastos chicos de Mister Rockefeller."[21]

---

[19] Carlos Fuentes: *Todos los gatos son pardos.* Siglo Veintiuno, México, 1970, p. 5.

[20] Ángel Rama: "Indagación de la ideología en la poesía", *Revista Iberoamericana*, Núms. 112-113, julio-diciembre de 1980, p. 399 (VI).

[21] *Las historias...*, pp. 197-198.

La violencia que las analogías sugieren, es también la violencia del poeta en su papel de portavoz del pueblo salvadoreño. Ominoso es el último verso del poema: "y amenaza tormenta". Dolor, feísmo y violencia se entrelazan también en dos de los poemas más poderosos de *Las historias prohibidas*...: "Poema de amor" y "Ya te aviso". Ambos son un llamado desesperado al pueblo para que cobre conciencia de su tristísima realidad, la asuma y regrese a la lucha con los ojos abiertos. Escritos a raíz de la mal llamada "guerra del futbol", entre Honduras y El Salvador, son también un aviso en contra de la trampa del patrioterismo tan frecuentemente tendida por el opresor para enmascarar las verdaderas raíces del conflicto. La cita de Lawrence Durrell al prólogo de la novela póstuma de Roque Dalton, *Pobrecito poeta que era yo...*, dice así: "Es una obligación de todo patriota odiar a su país de una manera creadora."[22] El patrioterismo forma también parte de la dialéctica negativa de Dalton. Dialéctica negativa que produce lo que Derrida llamara un "manque", una falta, que tiene por objeto producir la ansiedad del destinatario y su simpatía, su deseo de contribuir a colmar el vacío creado por un pueblo que se nos presenta castrado, incompleto, vacío de identidad.

En "Ya te aviso", leemos:

> Patria idéntica a vos misma
> pasan los años y no rejuvenecés
> deberían dar premios de resistencia por ser salvadoreño (...)
> Yo volveré
> no a llevarte la paz sino el ojo de lince
> el olfato de podenco
> amor mío con himno nacional
> voraz
> ya le comiste el cadáver de Don Francisco Morazán a Honduras
> y hoy te querés comer a Honduras
> necesitás bofetones
> electroshocks (...)[23]

Roque Dalton vuelve a El Salvador después de nueve años de ausencia en Europa y La Habana. Trágicamente, la involuntaria profesía de su asesinato se encuentra en su novela póstuma, ya que las

[22] *Pobrecito poeta que era yo...*, p. 11.
[23] *Las historias...*, p. 230.

amenazas del agente de la CIA (que interroga al poeta José) resultaron irónicamente ciertas en la vida real y Dalton es fusilado por aquellos que compartieran su ideología política en la guerrilla.

La originalidad y la fuerza de la poesía (y de la prosa) política de Roque Dalton estriba en su pluralidad de niveles así como en el esfuerzo que el destinatario debe hacer para desentrañar la estructura de la ideología de Dalton. Estructura dinámica en contraposición a la estructura monolítica de la ideología opresora. En su obra, como en la de la mayoría de los grandes escritores latinoamericanos contemporáneos, no puede hablarse de fronteras claramente definidas o definibles entre prosa y poesía, con la excepción de su libro sobre Mármol. En *Pobrecito poeta que era yo...* leemos:

> (...) de lo que se trata según mi punto de vista es de lograr que la poesía que nuestra poesía intervenga cada día más en la labor que se plantea el hombre de dominar la realidad de hoy y del futuro que la poesía deje de ser hez de declamación postre en la sobremesa de las elites y se convierta verdaderamente en un instrumento eficaz del hombre medio del hombr de la casa y de la calle por reivindicar para sí el mundo que le rodea la sociedad en que está inmerso (...)[24]

Por otra parte, para Dalton, si se da una "desgarradura" entre el poeta y el activista revolucionario, esta desgarradura no es de orden estético sino ideológico y debe resolverse a ese nivel.[25] Es precisamente a ese nivel que Dalton plantea dialécticamente la lucha interna del poeta salvadoreño. Entre las múltiples voces de la novela destacan las de Roberto, Mario y José, todas ellas complementarias y eco de las desgarraduras, dudas, lealtades, contradicciones y actitud crítica del autor. Los escritores favoritos del poeta alcohólico y "apolítico" Mario, son los de Dalton entrevistado por Benedetti,[26] y parte de la poética de Dalton la encontramos en la búsqueda de Mario, cuya muerte "apolítica" es tan absurda como la de Dalton. El individualismo enajenante destruye a Mario mientras que sus "camaradas" asesinan a Dalton.

---

[24] *Pobrecito poeta que era yo...*, p. 136.
[25] *Pobrecito poeta que era yo...*, p. 136.
[26] Mario Benedetti: *Los poetas comunicantes,* Marcha, Montevideo, 1972, p. 26.

El capítulo sobre José es el más autobiográfico, en cuanto a la analogía de hechos concretos, pero debe verse como parte de un conjunto mucho más amplio y complejo, el de la novela entera, la cual en su afán totalizante, le ofrece al lector un análisis de la pequeña intelectualidad salvadoreña de los años sesenta frente a la Revolución. No quiero caer aquí en la ya muy larga y trillada polémica sobre el valor de la literatura "comprometida" frente a la literatura "pura", pero no cabe duda de que Dalton comprendió desde muy joven que en los países subdesarrollados —o en cualquier país— no se puede hablar de la no-compromisión de un autor. Toda obra literaria es el resultado de los factores históricos que la produjeron y define a su autor ante éstos. Lo anterior no precluye que éste participe en movimientos literarios universales o se alimente de textos aparentemente extraños a su cultura. En última instancia sus lecturas también han de ser modificadas por su ideología.

Lo que debemos recordar, sin embargo, es que en América Latina el escribir en nombre de los oprimidos y a favor de la libertad y la justicia presupone que el escritor acepta con lucidez el precio que quizá le sea dado pagar, la prisión, la tortura y la muerte. A Dalton le tocaron todas. Bien sabía él que la "mala fe" (en el sentido sartriano del vocablo) es sinónima de cobardía y que la literatura mal llamada "pura", cuando el pueblo tiene hambre y es asesinado por la oligarquía en el poder, está teñida de sangre.

Nadie mejor que Cortázar supo comentar la doble importancia de Dalton como escritor y como guerrillero:

¿Hablar de Roque Dalton poeta? Sí, desde luego, pero sin olvidar un solo instante la admirable frase del Ché cuando alguien le preguntó por su profesión: "Yo era médico", y que encuentra su eco y su fidelidad en el Roque Dalton que titula su última novela Pobrecito poeta que era yo... *Hablar del poeta, sí, pero del poeta combatiente, del revolucionario que jajmás dejó de ser poeta.*[27]

[27] *Pobrecito poeta que era yo...*, p. 480.

OBRAS DE ROQUE DALTON

El Salvador (1933-1975)

La ventana en el rostro (poesía, México, 1961)
El mar (poesía, La Habana, 1963)
El turno del ofendido (poesía, La Habana, 1963)
Los testimonios (poesía, La Habana, 1964)
El Salvador, 1964
César Vallejo, 1963
Poemas (Antología, Universidad de El Salvador, 1968)
Taberna y otros lugares (Premio Casa de las Américas, 1969)
Miguel Mármol (Editorial Universitaria Centroamericana, EDUCA, 1972)
Las historias prohibidas del pulgarcito (Siglo XXI Editores, México, 1974)
Pobrecito poeta que era yo... (Editorial Universitaria Centroamericana, EDUCA, 1976)

ÍNDICE

30 - IX - 86
1 000 ejemplares
Impresora Eficiencia
México, D. F.